Instagram Marketing für Anfänger

Schritt-für-Schritt Anleitung

von Influencerin

theblondestories

Echte Follower bekommen, Kunden gewinnen, Erfolgreich mit Influencern werben, Geld verdienen

D1619577

© LB Books

Autor: Lara Brockhaus

1. Auflage, 2019

Inhaltsverzeichnis

Einleitung

Mit seiner Firma auf Instagram erfolgreich werden – Der Traum von vielen! Schließlich ist Instagram das Medium, mit dem man einfach und gezielt seine Zielgruppe ansprechen und so seine Umsätze ankurbeln kann. Klingt einfach? So ganz stimmt es leider nicht! Aber mit dieser Schritt-für-Schritt-Anleitung werdet ihr es schaffen! Ich fange bei Null an und gebe euch in jedem Schritt ganz konkrete Informationen und kratze dabei nicht nur an der Oberfläche. Ich weiß, wie schwierig es ist an konkrete Informationen zu kommen, da die meisten Quellen immer nur Allgemeinwissen wiedergeben, welches man zigfach wiederholt im Internet findet. Damit ist jetzt Schluss!

Ich selbst habe vor ca. 3 Jahren meinen eigenen Blog gestartet und einen Instagram-Account erstellt, um Leser auf meinen Blog aufmerksam zu machen. Ich hatte viele Fragen, auf die ich aber meistens nur sehr allgemeingültige und oberflächliche Antworten finden konnte. Wie bekomme ich Follower bei Instagram? Wie erreiche ich dort meine Zielgruppe? Wer ist überhaupt meine Zielgruppe? Wie lenke ich sie auf meine Webseite? Wie verdiene ich Geld durch Instagram? Wie laufen Influencer-Kooperationen ab?

Na, erkennt ihr euch wieder...?

Das habe ich mir gedacht. Denn genau vor diesen und tausend anderen Fragen stand ich damals auch. Das war der Auslöser mich mit dem Thema Social Media und im Speziellen mit Instagram intensiver auseinanderzusetzen. Zusätzlich konnte ich von meinen Erfahrungen in den Medien (Zeitung, Radio, TV) profitieren und meine Kenntnisse aus dem Bereich auch in den Aufbau meines Blogs und meines Instagram-Accounts stecken. Mittlerweile habe ich so viel dazugelernt, dass ich mit meinem Blog und mit meinem Instagram-Account eine stetig wachsende Zielgruppe erreiche, mit großen Firmen kooperiere und davon leben kann. Zudem berate ich auch andere Unternehmen in ihrem Social-Media-Auftritt. Ich habe das ganze Prozedere also nicht nur selbst mitgemacht, sondern ich habe es auch bei Anderen begleitet. Im Laufe der Zeit ist mir dann aufgefallen, dass eine sehr große Menge an gleichen Fragen, Problemen und auch Fehlern existiert, die viel Geld und noch mehr Nerven kosten. Um euch das alles zu ersparen, werde ich all die Themen detailliert erklären, die sich nicht nur ein Blogger, sondern vor allem ein Gründer anfangs stellt. Ich werde in diesem E-Book gar nicht erst damit anfangen eure Zeit mit nutzloser Theorie zu verschwenden, sondern ich werde euch ganz konkret sagen, wie ihr Schritt für Schritt vorgehen solltet.

Bevor es jetzt losgeht kommt der wichtigste Tipp vorab: „Think big. Aber bleib realistisch!" Was meine ich damit? Es wird nicht derjenige schaffen, der das meiste Geld besitzt, sondern derjenige, der am besten vorbereitet ist und weiß was er zu tun hat. Und genau an diesen Punkt werden wir jetzt gemeinsam arbeiten. Lasst euch noch zuletzt sagen: Egal wie viel Zeit und Fleiß es kosten wird – Nicht aufgeben!

Und jetzt kommt die Arbeit!

Schritt I: **So richtest du dein Instagram-Profil richtig ein**

Und hiermit beginnt das ganze Projekt: Erst einmal muss das Instagram-Profil her. Aber wie? Worauf sollte man achten? Wer ist überhaupt meine Zielgruppe? Und warum ist der Algorithmus so wichtig? Dieses Kapitel gibt dir Antworten!

Die ersten 7 Schritte auf Instagram

Schritt 1: Registrieren

Ladet euch die App herunter und registriert ein neues Profil. Der Name von eurem Instagram-Profil sollte dem Namen eurer Firma/Marke entsprechen und nicht zu viele Sonderzeichen oder Zahlen beinhalten, da sich Nutzer euren Namen so nicht gut merken können oder ihn als Spam-Account bewerten.

Schritt 2: Instagram-Profil mit Inhalten füllen

Profilbild hochladen

Wählt ein ansprechendes Profilbild aus. Bedenkt, dass eure Firma/Marke zu Beginn noch unbekannt ist, daher kann es hilfreich sein, dass auf eurem Profilbild zunächst eine Person zu sehen ist. Denn Profilbilder mit Personen werden wesentlich häufiger angeklickt als unbekannte Marken.

Webseite verlinken

Auf eurem Profil sollte unbedingt der Link zu eurer Webseite auftauchen.

Beschreibung hinzufügen

Fügt eine kurze Beschreibung hinzu. Hier empfiehlt es sich mit Emojis zu arbeiten. Im Idealfall fügt ihr immer ein Emoji mit 1-3 Wörtern passend hinzu. Ein gutes Beispiel gibt hier die Marke „Kapten and Son" ab (siehe Screenshot).

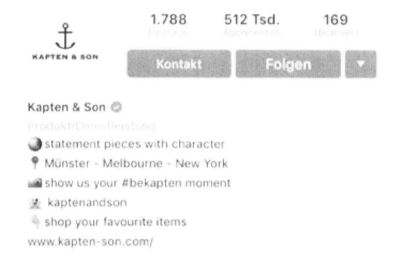

statement pieces with character
Münster - Melbourne - New York
show us your #bekapten moment
kaptenandson
shop your favourite items
www.kapten-son.com/

Quelle: instagram.com/kaptenandson

Schritt 3: Instagram-Account mit Facebook verbinden

Verbindet euren Instagram-Account mit eurer Facebook-Seite. Dies benötigt ihr später, um Werbung auf Instagram (optimal) schalten zu können. Um euer Instagram-Konto mit der Facebook-Seite eurer Firma/Marke zu verknüpfen, musst ihr zunächst sicherstellen, dass ihr Administrator eurer Seite auf Facebook seid. Dies sollte aber in der Regel der Fall sein, wenn ihr diese selbst erstellt habt.

So verknüpft ihr euer Instagram-Konto mit eurer Facebook-Seite:

<u>Android</u>

1. Ruft euer Profil auf und tippt oben rechts auf „Einstellungen".

2. Scrollt nach unten und tippt auf „Verknüpfte Konten" und wählt dann „Facebook" aus.

3. Gebt eure Facebook-Anmeldeinformationen ein, wenn ihr das noch nicht getan habt.

4. Euer Instagram-Konto wird standardmäßig mit eurer persönlichen Facebook-Chronik verknüpft. Wenn ihr stattdessen eine Seite verknüpfen möchtet, tippt erneut auf „Facebook" und wählt eine Seite aus, die ihr unter „Teilen auf" verwaltet.

<u>iPhone oder Windows Phone</u>

1. Ruft euer Profil auf und tippt oben rechts auf „Einstellungen".

2. Scrollt nach unten und tippt auf „Verknüpfte Konten" und wählt dann „Facebook" aus.

3. Gebt eure Facebook-Anmeldeinformationen ein, wenn ihr das noch nicht getan habt.

4. Euer Instagram-Konto wird standardmäßig mit eurer persönlichen Facebook-Chronik verknüpft. Wenn ihr stattdessen eine Seite verknüpfen möchtet, tippt erneut auf „Facebook", tippt dann auf „Teilen auf" und wählt eine Seite aus, die ihr verwaltet.

Quelle:
https://www.facebook.com/help/instagram/3569026810643
99

Schritt 4: Auf Business-Profil umstellen

Erweiterte Profilinformationen

Business-Profile verfügen über drei Buttons zur Kontaktaufnahme: „Text" (SMS), E-Mail und Wegbeschreibung. Zusätzlich zeigt Instagram eine Kategorie für den Account an. Diese lässt sich nicht direkt ändern, sondern wird von der mit dem Account verbundenen Facebook-Page über-nommen.

Profil- und Poststatistiken

Ab jetzt könnt ihr alle relevanten Statistiken zu jedem einzelnen Post einsehen. Diese beschränken sich auf sechs Werte:

1. Gefällt mir (Anzahl)
2. Kommentare (Anzahl)
3. Gespeichert (Anzahl)
4. Impressionen
5. Reichweite
6. Interaktionen

Weiterhin könnt ihr die Statistik zu eurem Profil aufrufen. Eine Statistik-Übersicht bietet dort für die letzten 7 Tage weitere Informationen in der Zusammenfassung an:

- Zu-/Abnahme der Abonnenten

- Zu-/Abnahme der Beiträge
- Gesamtimpressionen
- Gesamtreichweite
- Profilaufrufe
- Webseiten -Klicks
- „E-Mail senden"-Klicks
- Top-Posts
- Top-Stories
- Angaben zu den Abonnenten wie z.B. das Alter, das Geschlecht, die Stadt, das Land und die Follower Aktivität (zu welchen Zeiten und Tagen sind die Nutzer auf Instagram aktiv)
- Angaben zu Promotions
- Angaben zu Beiträgen
- Angaben zu Instagram Stories

Post hervorheben

Mit dem Instagram-Business-Account könnt ihr Werbeanzeigen direkt aus der Instagram App erstellen. Als Ziele stehen sowohl Webseiten- und Profilbesucher als auch das Erreichen von Personen in der Nähe einer Adresse zur Verfügung. Ihr könnt außerdem die Interaktionen eines einzelnen Beitrags über eine Anzeige steigern.

Schritt 5: Instagram Kommunikationsplan

Bei Instagram ist es immens wichtig regelmäßig zu posten. Die Empfehlungen liegen hier in der Regel bei einem bis sogar zwei Bildern pro Tag. Dies wird nicht immer möglich sein, jedoch solltet ihr versuchen mindestens jeden zweiten oder dritten Tag ein Bild zu posten. Noch wichtiger als die Zeitspanne zwischen den Posts ist allerdings die Regelmäßigkeit.

Instagram straft diejenigen ab, die eine Zeit lang durchgängig viel posten und dann plötzlich gar nicht mehr aktiv sind. Solltet ihr nach einer längeren Pause (z.B. mehrere Wochen) wieder anfangen zu posten, wird eure Reichweite im Vergleich zu vorher extrem gering sein, da Instagram regelmäßig aktive User bevorzugt behandelt und deren Bilder häufiger anzeigt als eure, da ihr die App so lange nicht benutzt habt. (**Reichweite** ist das Zauberwort, wenn es um Marketing im Social Media Bereich geht. Es beschreibt die Anzahl der Personen, die das gewünschte Posting „erreicht", also zu sehen bekommen und hängt von verschiedenen Faktoren wie dem Algorithmus, der Followeranzahl usw. ab.)

Zudem haben Studien gezeigt, dass Instagram-User im Vergleich zu Facebook-Usern wesentlich häufiger ihre Abonnements aufräumen. Zwar möchte niemand zugespammt werden, aber man möchte auch keine Abonnements haben, die nie oder stark unregelmäßig Bilder posten. Daher solltet ihr einen guten Mittelweg finden, den ihr mit eurem Arbeitsaufwand für ein Instagram-Bild vereinbaren könnt. Ihr solltet für einen Post mittelfristig nicht mehr als eine Stunde benötigen. Zu Beginn kann dies natürlich ein wenig länger dauern, da die Routine noch nicht vorhanden ist. In dieser Stunde sollte dann die Vorbereitung, das Foto machen, die Fotonachbearbeitung sowie der Post enthalten sein.

Trotzdem solltet ihr nicht vergessen:

Bei Instagram geht es primär um ansprechende Bilder, die Qualität der Bilder steht also weiterhin über der Quantität. Gerade am Anfang ist es noch nicht möglich durchgängig und täglich Bilder zu posten, die für die Ästhetikverwöhnten User von Instagram tauglich sind. Ein guter Weg um den Druck zu entgehen täglich neue Inhalte zu erstellen ist es, sich an einem bestimmten Tag Zeit für verschiedene Bilder an unterschiedlichen Orten zu nehmen und diese dann über einen gewissen Zeitraum (z.B. über zwei Wochen) zu planen. Dann habt ihr wieder ein wenig Vorlaufzeit, um die nächsten Bilder ohne Stress vorzubereiten.

Auch hier gilt: Wichtig ist, dass man auch bei geringerem Erfolg am Ball bleibt. Denn nichts ist uninteressanter als ein unregelmäßig gepflegter Account. Viele Personen werden vielleicht nicht mit eurem Instagram-Profil interagieren, sich aber dort inspirieren lassen und gegebenenfalls einen Kauf abschließen.

Schritt 6: Einzigartige Inhalte kreieren

Überlegt euch zunächst einmal selbst, was euch interessieren würde. Schaut euch dazu euren persönlichen Instagram-Stream (wenn vorhanden) an und achtet mal auf die Profile, die euch besonders gut gefallen und überlegt euch warum sie euch so gut gefallen. Im nächsten Schritt überlegt ihr, was ihr daraus übernehmen könnt und was ihr an euer Konzept anpassen könnt.

Schritt 7: Die ersten Follower bekommen

Damit euer Account nicht ganz leer aussieht, könnt ihr schon ein paar Fotos posten, auch wenn ihr noch keine Follower habt. Dann solltet ihr anfangen Personen zu finden, denen ihr folgen könnt.

So definierst du deine Zielgruppe richtig

Die ersten Schritte sind geschafft. Nun solltet ihr euch fragen: Wen möchte ich über Instagram eigentlich erreichen? Eine Zielgruppe wie „Frauen zwischen 20 und 40" ist nicht genug. Ihr solltet ein Bild im Kopf haben wer die Personen sind, die ihr ansprechen wollt, denn das macht das Erstellen der richtigen Instagram-Strategie um einiges leichter. Am Anfang solltet ihr euch erst einmal drei Fragen stellen:

1. Wer seid ihr bzw. eure Firma/Marke?
2. Was möchtet ihr kommunizieren?
3. Wer sind eure idealen Kunden?

Um euch Inspirationen dafür zu holen, könnt ihr

euch z.B. ein Moodboard bei Pinterest erstellen und alles pinnen, was ihr schön findet und mit was ihr euch identifizieren könnt. Ihr könnt auch konkrete Personen auf das Board pinnen, um ein klares Bild vor Augen zu haben und euch überlegen, was dieser Person gefallen würde. Oder ihr scrollt durch Instagram und screenshottet die Bilder, die euch einen „Wow"-Moment geben. Im Idealfall sollte sich dabei ein Muster abbilden. Nun stellt ihr euch weitere Fragen, die eure idealen Kunden möglichst genau beschreiben sollten: Wie alt sind sie? Wo wohnen sie? Was arbeiten sie? Welche Hobbys?

Beispiel: Hochzeitsfotografin aus Berlin - fotografiert im Vintage-Stil

Wer seid ihr? Ich bin eine verheiratete Frau, 32 Jahre alt. Ich arbeite als selbstständige Hochzeitsfotografin. Ich habe schon früh mit dem Fotografieren angefangen und schnell meine Stilrichtung gefunden: Ich fotografiere gerne im Vintage-Stil. Urlaub mache ich in Italien und ich wohne mit meinem Mann in einer Wohnung mit Balkon.

Was möchtet ihr kommunizieren? Ich möchte mit meinem Instagram-Profil ein Vintage-Gefühl vermitteln, es soll verliebte Pärchen zeigen, die lachen oder sich küssen. Es soll den Betrachter dazu anregen auf meinem Profil zu verweilen und/oder auf meine Webseite zu gehen und im

Idealfall ein Pärchenshooting zu buchen oder mich als Hochzeitsfotografin zu beschäftigen.

Wer sind eure idealen Kunden? Unverheiratete Pärchen, die Vintage-Stil mögen. Sie sind zwischen 25 und 35 Jahre alt und arbeiten im Kreativen Bereich oder im Medienbereich. Sie wohnen in Berlin. Sie hören gerne Schallplatten, sind mode-bewusst und probieren gerne Neues aus.

Sobald ihr ein Bild von euren Idealen Kunden vor Augen habt, könnt ihr den Stil eures Instagram-Profils darauf abstimmen und wie in diesem Beispiel neben Fotos von Pärchen im Vintage-Stil auch Fotos von Plattenspielern, von einem Second-Hand-Shop, alten Kaffeeautomaten, Mode der 60er usw. unterbringen. Natürlich werden nicht all eure Kunden diesem „Ideal" entsprechen, aber er gibt euch eine Hilfestellung, in welche Richtung ihr eure Bildsprache festlegen solltet. Auch für Werbeanzeigen bei Instagram ist eine detaillierte Zielgruppendefinition sehr hilfreich. Diese könnt ihr bei Instagram direkt aus dem jeweiligen Post heraus schalten, indem ihr auf „Hervorheben" klickt und den weiteren Anweisungen folgt.

Den Instagram Algorithmus verstehen

Der berüchtigte Instagram Algorithmus – als er im Sommer 2016 eingeführt wurde war die Empörung groß, denn er sollte die Posts nicht mehr nach zeitlicher Reihenfolge sortieren, sondern nach Relevanz. Grund für die Umstellung war schlichtweg der Umstand, dass die Zahl der Posts zu groß war und ein durchschnittlicher Instagram-Nutzer somit 70% der Updates seiner Abos nicht zu Gesicht bekommen hat. Also erstellte Instagram einen Algorithmus, der erkennt, welche Accounts für welchen Nutzer relevant bzw. interessant sein könnten. Viele kleinere Accounts fürchteten nun ihre Follower gar nicht mehr zu erreichen, da nur noch große Accounts mit vielen Likes und Followern angezeigt werden würden. Mittlerweile hat sich die Stimmung wieder entspannt. Die Umstellung ist für kleinere bis mittlere Accounts aber trotzdem stark zu spüren, wenn sie bei bestimmten Parametern nicht so gut abschneiden. Welche Parameter in den Algorithmus spielen wird nicht offiziell kommuniziert, aber es gibt bestimmte Kriterien, von denen vermutet wird sie würden den Algorithmus beeinflussen. Demzufolge bewertet der Instagram Algorithmus die Relevanz und damit die Sichtbarkeit von Posts durch:

★ Welche Accounts man liked und kommentiert

★ Wie lange man sich einen Post ansieht

★ Welche Art an Posts man liked (z.B. eher Mode, eher Landschaften, eher Selfies usw.)

★ Welche Posts man speichert

★ Welche Posts man screenshottet

★ Mit welchen Accounts man über Direct-Messages schreibt

★ Nach welchen Accounts man sucht

★ Wessen Instagram Story man sich anschaut

★ Auf wessen Instagram Story man antwortet/reagiert

★ Von wie vielen und von welchen Accounts man getaggt wird

★ Wie viele Accounts einem täglich folgen bzw. entfolgen

★ Die Zeit, wie lange ein Post braucht, bis er Likes und Kommentare bekommt

Sowie einige weitere Faktoren. Der Algorithmus lernt selbstständig immer wieder dazu und ändert bzw. erweitert sich dementsprechend regelmäßig. Deswegen kann nie genau gesagt werden, welche Faktoren im aktuellen Algorithmus berücksichtigt werden, aber es ist eine Tendenz erkennbar.

Wenn es darum geht neue Accounts zu finden, spielt der Algorithmus ebenfalls eine große Rolle. Auf der „Entdecken"-Seite (die Lupe im Home-Screen) als auch bei der Suche nach Hashtags, Locations usw. werden Accounts angezeigt, die in irgendeiner Weise mit eurem Account in Verbindung stehen: Sei es durch eure kürzliche Aktivitäten bei Instagram, oder weil die Accounts denen ihr folgt mit den angezeigten Accounts interagiert haben.

Große Accounts haben gelernt, den Algorithmus richtig für sich zu einzusetzen, um weit oben bei der „Entdecken"-Seite und bei der Suche nach bestimmten Hashtags aufzutauchen.

Die „Entdecken"-Seite (Lupe)   Die Suche (hier z.B. nach Ort)

Bei der „Entdecken"-Seite oben auftauchen:

Wenn ein Account einen Post von euch liked oder kommentiert, dann ist es wahrscheinlich, dass ihr auf der „Entdecken"-Seite von den Followern dieses Accounts oben auftaucht. Dieser Follower wird dann interessiert sein auf euren Account zu gehen, wenn er in eure Zielgruppe passt und euer Post attraktiv für diese Zielgruppe gestaltet ist. Es wird immer wahrscheinlicher, dass ihr auf der entsprechenden „Entdecken"-Seite auftaucht, je mehr ihr mit eurer Zielgruppe interagiert. Auch durch das Taggen anderer Accounts (die eurer

Zielgruppe entsprechen) wird es wahrscheinlicher, dass der Instagram Algorithmus euren Account in der „Entdecken"-Seite anzeigt.

Bei der Suche oben auftauchen:

Seid ihr beispielsweise ein lokales Geschäft, ist es von Vorteil bei denjenigen Accounts angezeigt zu werden, die in der gleichen Stadt wohnen. Deswegen solltet ihr bei der geografischen Suche eures Ortes oder dem Hashtag eures Ortes oben auftauchen. Das erreicht ihr, indem ihr ausschließlich mit eurer Zielgruppe interagiert, also in diesem Fall Accounts die aus eurer Stadt kommen. Wenn ihr über Hashtags nach eurer Zielgruppe sucht, solltet ihr außerdem auch Accounts aus eurer Nische mit einbeziehen. Wenn ihr z.B. Fantasy- Autor seid, dann verwendet nicht nur Hashtags wie #books, sondern beispielsweise auch #harrypotterfan usw.

Merke: Es geht darum, mit den *richtigen* Leuten zu interagieren und die zu eurer Zielgruppe *passenden* Hashtags zu verwenden, damit ihr von dem Instagram Algorithmus bevorzugt werdet. So werdet ihr euren Followern öfter angezeigt und erreicht auch neue User durch die „Entdecken"-Seite oder durch die Suchfunktion.

Diskussion: Follower kaufen – Ja oder Nein?

Das Thema Follower kaufen ist ein schwieriges Thema. Vorab: Follower kaufen bringt keinen einzigen neuen Kunden! Egal was euch die Anbieter versprechen, selbst bei angeblich echten Followern werdet ihr keine neuen Verkäufe generieren können. Und ihr werdet nicht nur keine Verkäufe generieren, sondern ihr werdet auch keine User bekommen, die sich für eure Posts interessieren und damit keine regelmäßigen Kommentare oder Likes bekommen. Das führt darauf zurück, dass die neuen Follower entweder Bots sind oder Menschen, die das nur gegen Bezahlung tun. Tatsächlich muss man aber leider sagen, dass es mittlerweile gängig geworden ist, sich Follower zu kaufen. Wenn man sich verschiedene Profile mal genauer anschaut (gerade von größeren bekannten Accounts), findet man einige Indizien dafür, dass dort auch Follower gekauft worden sind. Zwar sieht ein Profil mit vielen

Followern attraktiver aus als ein Profil mit wenigen Followern, allerdings gibt es einige Nachteile die ein Follower-Kauf mit sich bringt. Über diese muss man sich bewusst sein. Dazu komme ich jetzt.

Gerade am Anfang, wenn es noch länger dauert neue Follower zu bekommen, lässt man sich gerne dazu verleiten schnell ein paar Follower zu kaufen. Das ist zwar verständlich, denn heutzutage wird eine Firma/Marke schnell danach beurteilt, wie viele Follower sie aufweisen kann. Allerdings merken Instagram-Nutzer schnell, ob es sich um gekaufte Fake-Follower handelt. Das lässt sich z.B. feststellen, indem man sich die Follower-Liste mal genauer anschaut. Bei Accounts, die gekaufte Follower haben, sieht man, dass ein Großteil der Follower aus Indien, Pakistan etc. stammt. Diese Fake- Accounts folgen meist tausenden von Accounts, aber haben selbst kaum Follower und posten gar nicht bis kaum eigene Bilder. Damit würde euer Account ein sehr fragwürdiges Bild abgeben, was natürlich besonders kontraproduktiv ist, da eure Firma/Marke dann sofort als unprofessionell abgestuft wird.

Auch starke Follower-Sprünge bzw. Anstiege innerhalb kurzer Zeit sind sehr auffällig. Kein normaler Account kann gerade am Anfang von einem auf den anderen Tag tausende Follower gewinnen - diese Zeiten sind schon lange vorbei. Das weiß auch Instagram und identifiziert diese

Profile als Spam-Accounts. Sie werden dann direkt abgewertet oder gelöscht. Passt auch die Foto-Qualität nicht zu einer hohen Anzahl an Followern, ist das ein weiteres Indiz dafür, dass Follower gekauft wurden. Zudem lässt sich der Follower-Kauf durch die meist niedrige Engagement Rate (Verhältnis von Kommentaren/Likes zu der Anzahl an Followern) leicht feststellen. Es sieht immer sehr unseriös aus, wenn man tausende Follower hat, aber kaum jemand die Beiträge liked oder kommentiert. Natürlich kann man sich nicht nur Follower kaufen, sondern auch Likes die automatisch jedem eurer neuen Posts gegeben werden. Das lässt die Interaktions-Rate zwar wieder besser aussehen, allerdings tut ihr euch abgesehen von den bereits genannten Argumenten trotzdem keinen Gefallen. Der Hauptgrund, weshalb ich euch von einem Follower-Kauf abraten würde, ist folgender:

Ihr verliert mehr und mehr an Reichweite und kommt in einen Teufelskreis, aus dem ihr nur noch schwer rauskommt.

An Reichweite zu verlieren ist das Worst-Case-Szenario, das es bei Instagram gibt.

<u>Warum verliert ihr durch Follower-Kauf an Reichweite?</u>

Das Problem ist, dass ihr euch „Ghost-Follower"

kauft. Das sind Accounts, die niemals mit euren Beiträgen interagieren werden und auch selbst nicht aktiv sind. Diese Accounts werden von dem Algorithmus in ihrer Qualität als sehr schlecht eingefstuft. Folgen euch also viele dieser „schlecht-eingestuften" Accounts, leidet auch euer Profil darunter und ihr verliert an Reichweite. Und dann beginnt die Abwärtsschraube: Der Algorithmus zeigt eure Bilder nicht mehr allen Followern, kaum jemand liked sie noch, ihr seid frustriert und zweifelt an eurer ‚Beliebtheit'. Ihr postest weniger. Instagram löscht Spam Accounts. Eure Followerzahl nimmt ab. Ihr verliert die Freude an der App und nutzt sie nicht mehr.

Beispiel: Ein Beispiel um das zu verdeutlichen: Ihr habt 10.000 Follower und 1000 Accounts interagieren mit eurem Post (900 Likes und 100 Kommentare pro Post). Eure Engagement-Rate würde also 10% sein (1000 Interaktionen : 10.000 Follower). Dann kauft ihr euch 40.000 Follower dazu. Nun habt ihr 50.000 Follower, aber eure Interaktionsrate bleibst zunächst gleich, da die Ghost-Follower ja keine echten Follower sind und somit nicht mit euren Posts interagieren. Eure Engagement-Rate sinkt also stark auf 2% (1000 Interaktionen : 50.000 Follower). Abgesehen von den bereits angesprochenen weiteren Faktoren, die den Algorithmus beeinflussen, stuft der Algorithmus euren Account nun nicht mehr als so relevant ein, da nur noch 2% eurer Follower mit euch interagieren. In Folge dessen taucht ihr seltener in

28

dem News-Feed eurer Follower auf und auch seltener auf der „Entdecken"-Seite. Dementsprechend können weniger Follower mit euren Beiträgen interagieren. Daraufhin sinkt eure Relevanz weiter und ihr werdet noch seltener angezeigt. Es ist also ein Ghost-Follower-Schneeball- Effekt, der eure Reichweite nach und nach verschlechtert.

Seid ihr erst einmal an diesem Punkt angekommen, bleibt euch nichts anderes übrig als mühsam diese Fake-Follower (für die ihr ja vorher sogar bezahlt habt) aus eurer Follower-Liste zu löschen. Mit „Löschen" ist dabei „Blockieren" gemeint, denn es gibt keine andere Art und Weise Follower von eurem Account wieder zu entfernen. Leider kann das auch keine App für euch übernehmen. Es gibt zwar Apps, die Ghost-Follower aufspüren und euch anzeigen können, allerdings gibt es keine App, die diese dann auch automatisch blockieren kann. Das liegt daran, dass ihr bei jedem einzelnen Follower, den ihr blockieren wollt, dies noch einmal bestätigen müsst. Es bleibt euch also nur der aufwendige Weg eure Fake- Follower händisch zu blockieren, um eure Reichweite wieder zu steigern.

Beispiel für schlechte „Follower-Qualität" durch gekaufte Fake-Follower

Übrigens: Selbst wenn ihr euch Likes kauft, zählt der Algorithmus sie nicht in die Anzahl eurer Reichweite, ihr könnt sie dadurch also nicht verbessern!

Schritt 2: So sollte dein Instagram- Profil aussehen

In diesem Kapitel geht es um das Aussehen deines Instagram- Profils und welche Fehler du vermeiden solltest, obwohl sie im Internet immer wieder empfohlen werden. Außerdem zeige ich dir Möglichkeiten zur Bildbearbeitung.

Die 7 häufigsten Fehler auf Instagram

Um die richtige Strategie zu finden, sollte man wissen, welche Fehler man vermeiden kann. Sucht man nach Schlagworten wie „mehr Follower bei Instagram" oder Ähnliches, findet man unzählige Seiten, die einem Tipps geben wollen wie man angeblich in kürzester Zeit bei Instagram „berühmt" wird. Ich decke hier ein paar dieser Ratschläge auf und sage euch welche Tipps nicht so erfolgreich sind wie gedacht und was ihr vermeiden solltet.

Fehler 1: Liken was das Zeug hält

Ihr solltet zwar viel liken, aber nicht einfach alles und jeden. Das bringt euch nämlich nichts, außer dass ihr als Spam angesehen werdet. Ihr bekommt dadurch vielleicht neue Follower, allerdings entsprechen sie nicht eurer Zielgruppe und interessieren sich überhaupt nicht für eure Inhalte. Der Instagram Algorithmus bewertet auch den Qualitätsfaktor eurer Follower und bestimmt dadurch wie oft ihr Anderen angezeigt werdet. Habt ihr viele Follower, die selbst nicht aktiv sind oder als Spam-Accounts bewertet werden, dann sinkt auch euer Qualitätsfaktor. Diesen Fehler habe ich anfangs auch gemacht und merke immer noch die Folgen davon.

Fehler 2: Bekannte Hashtags benutzen

Das gleiche Prinzip trifft auch hier zu. Nutzt ihr häufig verwendete Hashtags wie #like4like oder #follow4follow, dann erreicht ihr nicht eure Zielgruppe, sondern nur (Spam-)Accounts, die alles liken und jedem folgen nur um selbst mehr Follower und Likes zu bekommen. Außerdem lauft ihr durch die Verwendung solcher verrufenen Hashtags Gefahr von Instagram auch als Spam-Account bewertet zu werden und dadurch schlechter gelistet zu werden.

Fehler 3: Fotografieren was man mag

Auch wenn ich jetzt das heile Bild von Social Media zerstöre: wenn ihr einen Account aufbauen wollt, den ihr nicht nur privat nutzen möchtet, sondern professionell, dann solltet ihr nicht alles posten, nur weil es euch gerade gefällt. Die meisten anderen Nutzer teilen eure Freude daran nicht oder können es gar nicht, weil beispielsweise dieser Kerzenständer, den ihr fotografiert habt, euch an einen schönen Abend erinnert, aber für Andere überhaupt nichts aussagt. Es ist schlichtweg langweilig für andere User und es interessiert niemanden. Deswegen solltet ihr andere themenähnliche Profile analysieren und herausfinden welche Bilder gut ankommen. Fokussiert euch auf das Erstellen und Posten solcher Bilder, um mit eurem Feed für eure Zielgruppe interessant zu sein.

Fehler 4: Feeds großer Blogger/Firmen kopieren

Es gibt viele tolle Account, bei denen man sich denkt „Genau so möchte ich das auch machen!". Aber bitte tut das nicht. Warum? Weil es schließlich genau so einen Account schon gibt und zwar schon mit einer großen Fanbase und besseren Fotos, als ihr es anfangs noch machen könnt. Kein User möchte einem Account folgen, der genauso ist wie ein Anderer, nur schlechter. Ihr könnt und solltet euch zwar Inspirationen von Anderen holen, aber sie nicht bis ins kleinste Detail kopieren. Wichtig ist immer die Authentizität.

Fehler 5: (Zu) viele Bilder posten

Es ist zwar richtig, dass man regelmäßig Bilder posten soll, um mehr Interaktionen und damit mehr Sichtbarkeit durch den Algorithmus zu bekommen, aber man darf es auch nicht übertreiben. Mehr als 3 Bilder pro Tag solltet ihr nicht posten, denn ihr postet schließlich nicht für den Algorithmus, sondern für Menschen und die sind schnell genervt, wenn sie 10 Mal dasselbe Bild von euch aus unterschiedlichen Perspektiven gezeigt bekommen. Da wird schnell wieder entfolgt.

Fehler 6: Von großen Accounts gefeatured werden

Oft wird geraten, dass man große Inspo-Accounts taggen oder anschreiben soll, um von ihnen auf ihrem Account gepostet zu werden und dadurch neue Follower zu bekommen (Inspo- Accounts sind Accounts, die zu einem bestimmten Thema Bilder von Anderen posten und oft viele Follower haben). Grundsätzlich ist das eine gute Möglichkeit, allerdings kann ich aus eigener Erfahrung sagen, dass der Nutzen nicht so groß ist. Ich selbst wurde von einem der größten Inspo-Accounts mit 4,8 Mio. Followern gepostet, allerdings habe ich dadurch nur ca. 200-300 neue Follower bekommen. Im

Vergleich zu der Followeranzahl des Accounts ist das sehr wenig. Ich kenne auch andere Influencer, die die gleiche Erfahrung gemacht haben. Der Nutzen steht also in keiner Relation zu dem Aufwand (die Accounts mit einem interessanten Text anschreiben, das Foto hinschicken, die Accounts taggen usw.).

Allerdings kann es euch eine größere Anzahl neuer Follower bringen, wenn ihr es schafft in kurzer Zeit nacheinander von mehreren großen Accounts gefeatured zu werden. Dem Instagram Algorithmus wird so nämlich gezeigt, dass ihr scheinbar interessante und beliebte Beiträge postet. So bekommt ihr auch nach dem Feature mehr Reichweite. Diese Taktik wenden auch Influencer häufig an, indem sie Freundschaften mit anderen großen Influencern schließen und von ihnen getaggt werden. Die Follower dieser Accounts folgen dann auch häufig den Influencern, die in ihren Fotos oder Stories getaggt wurden, da sie mehr von den Freundschaften mitbekommen wollen. Ein Beispiel seht ihr in der Statistik links. Sie zeigt den Follower-Anstieg eines Influencers, der an einem Wochenende von Stefanie Giesinger (2,9 Mio Follower) mehrmals in ihrer Instagram Story markiert wurde und so schlagartig viele Follower generieren konnte. Das können sich auch Firmen/Marken-Accounts zunutze machen. Hier muss immer darauf geachtet werden, dass das Feature nicht nur einmalig passiert, sondern wiederholt und bestenfalls regelmäßig.

Beispiel:

Fehler 7: (Zu viele) Contests und Gewinnspiele veranstalten

Viele Accounts veranstalten Gewinnspiele, um mehr Follower und Interaktionen zu erreichen. Dabei sollen die Follower meistens dem Firmen/Markenaccount sowie dem kooperierenden Influencer folgen und etwas Bestimmtes unter dem Bild kommentieren, um ein Produkt zu gewinnen. Das wird zwar auch häufig gemacht, allerdings ist der Nutzen im Vergleich zu dem Aufwand (Gewinnspiel anteasern, Gewinner auswählen, Produkt versenden usw.) eher gering und nur kurzweilig, da viele neue Follower den Accounts hinterher wieder entfolgen. Außerdem sind Gewinnspiele für viele User sehr nervig und sie entfolgen Accounts, die diese zu häufig veranstalten. Ab und zu können Gewinnspiele aber eure Reichweite steigern und ihr profitiert so von der Reichweite der Influencer, mit denen ihr kooperiert (dazu mehr in Kapitel 4).

So sieht der perfekte Post auf Instagram aus

Zielgruppe

Unter dem Punkt „So definierst du deine Zielgruppe richtig" habt ihr bereits gelernt, wie ihr eure Zielgruppe definieren solltet. Die Definition eurer Zielgruppe ist, wie zuvor schon erwähnt, extrem wichtig, da sie bei allen Marketingaktivitäten als

Grundlage dient. Schaut euch jetzt eure Zielgruppe genau an und überlegt, welche Art von Inhalten auf Instagram für sie interessant sein könnte. Bedenkt, dass es bei Instagram ausschließlich um Fotos und zusätzlich, aber weniger prominent, um Videos geht. Hier sind weniger sterile Produktbilder oder Textanzeigen auf Bildern gefragt, sondern ansprechende Fotos. Viele User verwenden Instagram vor allem zur Inspiration. Nutzt Instagram, um eurer Zielgruppe euer Produkt oder eure Dienstleistung näher zu bringen, sich mit ihr zu identifizieren, Interesse zu wecken und so langfristig an eure Firma/Marke zu binden. Überlegt dabei genau, was eure Zielgruppe ansprechen wird. Ein Beispiel dafür habt ihr unter dem Punkt „So definierst du deine Zielgruppe richtig" bereits bekommen.

Auch eure Bildunterschriften könnt und solltet ihr an eure Zielgruppe anpassen. Dazu findet ihr in Kapitel „Was braucht ein erfolgreicher Post auf Instagram" mehr.

Hinweis: Bedenkt, dass der überwiegende Teil der User von Instagram „noch" tendenziell jünger ist.

Finde deinen eigenen Stil

Unter einem eigenen Stil meine ich unter anderem:
1. Das Bildformat (quer, hoch oder quadratisch)
2. Der Inhalt des Bildes

3. Die Farbgestaltung

4. Der Bildausschnitt / die Perspektive

5. Die Filter (*inkl. App Empfehlung)

6. Das Kontrast- & Sättigungsverhältnis (*inkl. App Empfehlung)

7. Die Detailschärfe (Gezielt Fokus auf bestimmte Produkte und Details legen)

Es wird schwer sein, etwas komplett Neues zu schaffen, aber darum geht es auch nicht. Wichtig ist nur, dass man seinen eigenen Stil findet und diesen dann auch durchzieht. Die Instagram-User haben eine gewisse Erwartungshaltung an ihre Abonnements und daher sollte man bei einer kompletten Stiländerung vorsichtig sein. Denn nicht alle Abonnenten finden die Änderung gut. Auch hier gilt wieder: Lasst euch von Seiten inspirieren, die euch gefallen und achtet parallel darauf, dass diese Stile auch zu eurer Zielgruppe passen.

Achte auf Qualität

Instagram gibt es mittlerweile schon ein paar Jahre und durch die Vielzahl an Influencern ist das Bildniveau stetig gestiegen. Unscharfe Bilder, auf denen man nichts erkennt, Bilder die nichts aussagen oder hinter denen keine Geschichte oder Inspiration steckt, werden keinen Erfolg haben. Heutzutage wird der Professionalisierungsgrad an der Bildqualität gemessen. Accounts mit unprofessionell wirkenden Bildern werden schnell als Amateure abgestempelt. Um das zu vermeiden gebe ich euch ein paar praktische Tipps, wie ihr professionelle Bilder gestalten könnt.

1. Bildformat

Bei Instagram habt ihr 3 Möglichkeiten: Querformat, Hochformat oder im Quadrat. Ich empfehle euch Bilder nur im Hochformat und Quadrat zu verwenden. Beim Querformat wird in der Profilansicht zu viel abgeschnitten und im Instagram-Stream fallen Bilder aufgrund der kleineren Fläche weniger auf.

2. Inhalt des Bildes

Die Bilder sollten eure Produkte bzw. eure Dienstleistung im besten Licht darstellen. Euer Produkt bzw. eure Dienstleistung sollte bei den Bildern im Fokus stehen und die Aufmerksamkeit auf sich ziehen. Nichts aussagende Bilder, die keinen Bezug zu eurer Firma/Marke haben, würde ich nicht empfehlen. Außerdem würde ich davon abraten, langweilige Bilder aus dem Büro oder ähnliches zu posten. Das erweckt eher den Anschein, dass es sich um eine kleine (unprofessionelle) Firma handelt. Zudem hat jeder hat schon einmal ein Büro gesehen. Diese Bilder geben dem Betrachter keinen „Wow- Effekt"- die meisten Instagram-User wollen aber zum Träumen angeregt werden. Das werden sie nur mit Fotos von Situationen die für sie selbst nicht alltäglich sind, oder die das Potential haben sie in ihrem Alltag zu inspirieren.. Ausnahmen bestätigen hier die Regel. Solltet ihr eine tolle Idee haben, wie ihr Bilder aus dem Büro interessant darstellen könnt, dann ist das natürlich auch möglich! Alle Bilder sollten aber auf jeden Fall einen Bezug zu eurer Firma/Marke haben und von hoher Qualität sein.

3. Die Filter

Hier gilt: **„Weniger ist mehr!"** Ich würde euch empfehlen die Fotobearbeitung mit einem passenden Filter zu beginnen. Dieser und weitere Filter sollte(n) jedoch eher dezent und nicht auf voller Stärke eingesetzt werden. Durch den Einsatz von Filtern bekommt ihr eine grundlegende Gleichmäßigkeit in eure Bilder.

4. Die Farbgestaltung

Damit eure Bilder hinterher in eurem Profil eine gewisse Harmonie aufweisen, sollte man sich vorher schon überlegen, welche Farben dominieren sollen und welche Farben eher weniger prägnant dargestellt werden sollen. Solltet ihr beispielsweise Hochzeitsfotografen sein, ist es sinnvoll, dass warme Farben oder Farben wie rosa und weiß dominieren. Macht euch hier jedoch nicht zu sehr verrückt, denn bei der Fotobearbeitung gibt es einige Tricks, die dafür sorgen, das euer Profil trotz verschiedener Farben harmonisch aussehen wird. Dazu kommen wir noch.

5. Der Bildausschnitt / die Perspektive

Der Bildausschnitt / die Perspektive zählt mitunter zu den wichtigsten Punkten. Hier geht es darum, dass eurer Produkt bzw. eure Dienstleistung im Fokus steht. Daher empfehle ich euch hier einen Bildausschnitt zu wählen, der dies ermöglicht. Die Perspektiven können und sollten jedoch variieren, damit euer Profil nicht zu einseitig wirkt.

Auf der nächsten Seite findet ihr einige Beispiele.

Diese Bildbeispiele sind vor allem auf den Modebereich ausgelegt. Aber auch wenn ihr andere Produkte bzw. Dienstleistungen anbietet, lässt sich mit den Bildausschnitten und Perspektiven spielen. Mein Blog hat anfangs als Foodblog gestartet, auf dem ich vor allem neue Produkte der Lebensmittelwelt und glutenfreie Gerichte vorgestellt habe. Dabei habe ich mir überlegt, alle Produkte auf knallbunten Hintergründen zu fotografieren und auch hier verschiedene Perspektiven auszuprobieren. Das lässt sich auch auf Instagram übertragen. Probiert euch ein wenig aus und überlegt, wie ihr euren Account noch interessanter und stimmiger werden lassen könnt.

Halbnah   Halbtotale   Amerikanische Einstellung

(frontal)   **(leicht von unten)**   **(leicht von unten)**

Sitzend   Halbtotale   Amerikanische Einstellung

(leicht von oben)   **(frontal)**   **(frontal)**

Beispielhafte Bildbearbeitung   (mit App-Empfehlungen)

Schritt 1 / App: **VSCO**

Folgende Filter bevorzuge ich:

A6, A9 = Gibt dem Bild einen wärmeren Effekt
F2, C6, C7 = Leichter Pastelleffekt (Gut geeignet für blau dominierende Bilder)
HB2 = Gibt dem Bild einen kühleren Effekt

- Zuerst benutze ich die Funktion „Zuschneiden" und schneide das Bild zum Quadrat oder zum Format 4:5 zu

- Je nach Farben im Bild, benutze ich meistens einen der Filter F2, A6, A9, C7, HB2

- Ich empfehle hier nicht mehr als Stärke 6 zu nehmen

Übrigens: In den meisten Apps könnt ihr die Tools und Filter, die ihr am Häufigsten nutzt, nach vorne ziehen, um schnell auf sie zugreifen zu können

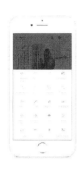

Schritt 2 / App: **Snapseed**

Hier können Feinabstimmungen wie bspw. die Kontrasteinstellung gemacht werden. Generell wird ein hoher Kontrast bevorzugt, weil er dem Bild einen stärkeren Ausdruck verleiht. Es gibt hier natürlich Ausnahmen. Einige Accounts spielen gerade mit dem Effekt, der entsteht, wenn der Kontrast niedrig gehalten wird. Bei der Einstellung der Sättigung empfiehlt es sich, bestimmte Bereiche stärker zu sättigen (z.B. die

Kleidung oder das Gesicht), während andere Bereiche entsättigt werden (z.B. der Hintergrund). Dadurch wird der Blick unterschwellig auf ausgewählte Bereiche gelenkt und das Auge wird nicht durch zu viel Bildinhalt überfordert. So können auch Bilder mit unruhigem Hintergrund gepostet werden, ohne dass der Fokus des Bildes verloren geht. Dieses Prinzip findet sich auch beim Spiel mit einem unscharfen Hintergrund und einem scharfen Vordergrund wieder (Tiefenschärfe)!

- Zuerst nutze ich das Tool „Feinabstimmung" und drehe je nach Ausgangsbild an den Reglern

Helligkeit, Kontrast, Sättigung, Ambiance, Spitzlichter, Schatten und Wärme

- Dann sättige bzw. entsättige ich bestimmte Bereiche durch die Funktion „Selektiv" und passe die Helligkeit bestimmter Bereiche an, sodass das Bild harmonischer wirkt

- Im Tool „Details" stelle ich Struktur und Schärfe auf ca. 3 ein

Schritt 3 / App: **Facetune**

Hier ist besonders die Funktion „Detailschärfe" nützlich. Die Detailschärfe ist einer der wichtigsten Einstellungen beim Bearbeiten eines Bildes. Ihr werdet schnell merken, was die Detailfunktion für einen großen Unterschied macht!

- Details hervorheben könnt ihr durch die „Detail"-Funktion, indem ihr mit dem Finger über die gewünschten Bereiche fahrt

- Bei Bildern mit Personen sollten vor allem die Augen mit der Detailfunktion bearbeitet werden

46

- Außerdem fahre ich mit der „Detail"-Funktion über die Kleidung und weitere Bereiche, die ich hervorheben will

- Mit dem Tool „Glätten" streiche ich leicht über Gesicht bzw. Haut (hier vorsichtig sein und nicht zu stark benutzen!)

- Mit der Funktion „Aufhellen" lassen sich nicht nur Zähne aufhellen, sondern auch andere helle Bereiche „weißer" machen

- Mit der Funktion „Überlagern" kann man ggf. kleine Haut- Unreinheiten oder Störungen im Hintergrund entfernen

- Mit der Funktion „Töne" können beispielsweise Himmel blauer oder stimmungsvolles Licht farbintensiver gemacht werden

Optional / Apps: **LD und PicsArt**

Mit den Apps **LD** und **PicsArt** lassen sich weitere Einstellungen einstellen, die nicht bei jedem Bild benutzt werden müssen, aber gegebenenfalls sehr nützlich sein können.

- Mit der App LD können Sonnenstrahlen in das Bild eingefügt werden (das macht das Bild freundlicher und lässt auch einen düsteren Himmel heller werden)

- Mit der App PicsArt lassen sich diverse Einstellungen vornehmen von Perspektiv-Änderungen, über Sticker bis zu Farbkurvenanpassungen. Die App hat die meisten Feineinstellungsmöglichkeiten.

Tipp: Lasst euch von Influencern inspirieren, denn sie wissen, was User anspricht und haben damit großen Erfolg auf Instagram.

Was braucht ein erfolgreicher Post auf Instagram?

„Um die Ecke denken und mehr unterhalten"

1. Persönlichkeit

Unabhängig von eurer Zielgruppe gilt für alle Instagram-Accounts, dass sie Persönlichkeit haben sollten. Gebt euren Fans das Gefühl ein Teil des Ganzen zu sein. Dies könnt ihr mithilfe eines ausdrucksstarken Standpunktes in Form von Worten und Bildern vermitteln. Die Follower, die sich damit identifizieren können, werden sich bestärkt in ihrer Beziehung zu euch fühlen.

Firmen/Marken, die eine starke Meinung vertreten und die sich von der breiten Masse abheben, werden stärker wahrgenommen als Mitschwimmer. Dauerhaftes Me-Too-Verhalten und langweilige sowie ausdrucksschwache Stockfotos ohne Bezug bringen euch ebenfalls nicht weiter.

★ Schreibt so, wie ihr mit jemanden sprechen würdet!
★ Vertretet euren Standpunkt – vor allem dann, wenn dieser sich von anderen Meinungen abhebt!
★ Vermeidet nichts aussagende Stockfotos!

2. Klare Bilder

Verwendet möglichst keine Schrift oder Grafiken in den Bildern, es sei denn es passt zu eurem Format (was genau damit gemeint ist, lest ihr im Kapitel „So wird dein Profil professionell aussehen"). Bei Instagram geht es hauptsächlich um die Ästhetik.

3. Beschreibung

A. Storytelling

Eine Beschreibung mit 2-3 Wörtern unter dem Bild ist in der Regel nicht sehr spannend. Erzählt ruhig eine kleine Geschichte in 1-3 Sätzen, die einen Bezug zum Bild hat. Im letzten Satz sollte eine Call-to-Action zu finden sein, damit die User animiert werden, zu liken und/oder zu kommentieren. Eine Call-to-Action (CTA) ist eine Aufforderung, etwas zu tun. Das kann die Aufforderung sein auf eure Webseite zu gehen, oder durch eine gestellte Frage passend zu dem Bild (z.B. „Mein Urlaub in xy war so schön! Wo geht euer nächster Urlaub hin?") die Aufforderung unter eurem Bild zu kommentieren.

Ein Beispiel: Ihr seid eine Schmuckfirma und bietet unter anderem eine Kette mit einem Herz-Anhänger an, auf dem „Mum" steht. Passend zum Muttertag postet ihr ein Bild mit der Kette und schreibt eine kurze Story warum Mütter so toll/wichtig sind. Am Ende folgt die Call-to-Action, in denen ihr eure User auffordert zu kommentieren, was sie an ihrer eigenen Mutter am Tollsten finden.

Tipp: Weist in unregelmäßigen Abständen (als CTA) auf eure Webseite hin. Das macht vor allem dann Sinn, wenn es Neuigkeiten gibt wie ein neues Produkt. Tut dies jedoch nicht in jedem Post, denn das wird als nervige Werbung angesehen.

B. Sprache

Der Großteil der User auf Instagram spricht Englisch, jedoch ist es entscheidend was eure Zielgruppe mehrheitlich spricht. Solltet ihr nur im deutschsprachigen Raum eure Produkte bzw. Dienstleistung verkaufen, dann solltet ihr auch auf Deutsch schreiben. Sollte euer Publikum gemischt sein, so könnt ihr auch zweisprachig schreiben.

C. Hashtags

Verwendet passende Hashtags! Über die Hashtags können euch auch „Nicht-Abonnenten" finden. Insgesamt lässt Instagram aktuell 30 Hashtags zu. Welche Hashtags ihr in den Kommentaren verwenden solltet, zeige ich euch unter dem Punkt „So funktioniert die Instagram- Community".

Tipp: Vor einiger Zeit haben es viele Influencer noch so gemacht, dass sie in die Beschreibung nur ca. 5 ausschließlich passende Hashtags geschrieben haben. Direkt nach dem Veröffentlichen haben sie in den ersten Kommentar die restlichen Hashtags gepostet. Aber: Nach Neuerungen des Algorithmus wirkt sich das mittlerweile negativ auf die Reichweite aus. Deswegen würde ich dazu raten wenigere, aber dafür speziellere und passendere Hashtags zu wählen und sie direkt mit in die Caption zu schreiben. Ein kleiner Hack für Faule: Einige „allgemeingültige" Hashtags könnt ihr z.B. durch die Option „Textersetzung" in den Einstellungen der Smartphonetastatur speichern. Hier kann man einen Kurzbefehl bestimmen (z.B. „hfashion" für Hashtags zum Thema Fashion) sowie den dazugehörigen Text (die dazugehörigen Hashtags), der automatisch eingefügt wird, sobald ihr den Kurzbefehl eingebt. Diese könnt ihr durch den Kurzbefehl dann schnell und einfach einfügen. Aber Achtung: ab und zu solltet ihr auch diese Hashtags variieren!

D. Emojis

Verwendet passende Emojis! „Bilder sagen mehr als tausend Worte". Das kann man auch ein wenig auf Emojis übertragen. Sie sind heutzutage nicht mehr wegzudenken und helfen Geschriebenes zu verdeutlichen bzw. zu verstärken. Weiterhin lockern sie einen Text auf und verhelfen zu schnellerem Verständnis.

E. Tags

Verwendet passende Tags! Mit sogenannten Tags könnt ihr andere Instagram-Accounts (z.B. Personen, Marken, Organisationen, etc.) markieren. Damit bekommt ihr zusätzliche Aufmerksamkeit bei demjenigen Account, den ihr markiert und zum anderen können Abonnenten des markierten Accounts euer Bild ebenfalls sehen. Welche Tags hier Sinn machen zeige ich euch unter dem Punkt „So funktioniert die Instagram-Community".

F. Geo-Tags

Verwendet Geo-Tags! Geo-Tags funktionieren ähnlich wie normale Tags, jedoch sollen sie den Ort zeigen, an dem das Bild entstanden ist. Viele User schauen sich Bilder von beliebten Ländern, Städten, Orten, Cafés, Restaurants etc. an, daher solltet ihr immer einen Geo- Tag setzen, um das Maximale herauszuholen. Sollte euer Ort vielleicht nicht der

Spannendste sein, so könnt ihr einfach die nächstgrößere Kategorie wählen, zum Beispiel die nächstgrößere Stadt oder das Land.

G. Mehrwert bieten

Fotos sollten inspirieren und/oder unterhalten. Versucht euren potentiellen Kunden über Storytelling zu inspirieren bzw. zu unterhalten und lasst sie so an eurer Marke teilnehmen. Erzählt mithilfe des Bildes selbst und der Beschreibung eine kleine Geschichte und gebt den Usern direkt die Möglichkeit daran teilzunehmen. So macht ihr euch für eure User interessant und bindet sie langfristig. Ihr werdet auffallen... und warum? Weil ein Großteil bei Instagram Amateur-Aufnahmen mit geringem ästhetischen Anspruch sind. Ein anderer Großteil sind zwar professionelle Bilder, die gerne angeschaut und geliked werden, jedoch nach wenigen Sekunden Konsum wieder in den Hintergrund rücken. Anders sieht es aus, wenn User sich aktiv durch einen Kommentar beteiligen und sich somit länger mit dem Bild auseinandersetzen. Eine Bindung findet natürlich nicht nach nur einem Bild statt, daher ist es wichtig weiterhin kreativ zu sein und eure User regelmäßig zu unterhalten.

H. Der richtige Zeitpunkt

Durch den Algorithmus ist der richtige Posting-Zeitpunkt zwar nicht mehr ganz so wichtig, aber er spielt trotzdem noch eine Rolle. Wenn ihr wollt, dass euer Bild von möglichst vielen Menschen gesehen wird, postet es am Besten morgens oder am Abend. Die meisten User sind zwischen 6 und 8 Uhr und erneut zwischen 17 und 21 Uhr bei Instagram online. Ihr solltet auch darauf achten, ob der Inhalt des Bildes zur Tageszeit passt (z.B. Frühstücksbilder eher morgens). Ist das Bild unabhängig von der Tageszeit, empfehle ich euch zwischen 17 und 21 Uhr zu posten. Allerdings ist der richtige Zeitpunkt auch davon abhängig, woher eure Hauptzielgruppe kommt und wie die Zeitverschiebung zu ihnen ist. Woher eure Follower kommen, seht ihr in euren Business-Account-Insights.

So wird dein Profil professionell aussehen

Gerade Accounts, die **nicht** eine bestimmte Person in den Vordergrund stellen (anders als es z.B. Blogger oder Influencer tun), haben es schwerer eine echte und treue Community aufzubauen und von ihren Bildern zu überzeugen. Schließlich steht Nahbarkeit, Authentizität, Orientierung und Identifizierung an erster Stelle bei den Accounts, denen die meisten User folgen. Eine Person, die sich selbst in verschiedenen Lebenslagen zeigt und das ggf. mit einem persönlichen Text unterlegt, ist eben nahbarer und authentischer als eine Firma/Marke, die ein Produkt oder eine Dienstleistungen anbietet. Instagram-User möchten sich nämlich vorrangig mit den Personen hinter den Accounts, denen sie folgen, identifizieren (z.B. das sympathische/ attraktive Mädchen von Nebenan) oder sich an ihnen orientieren (z.B. körperbetonte Fitness-Influencer zur Motivation beim Sport oder stilsichere Fashion-Influencer).

Trotzdem ist der Erfolg von Firmen/Marken-Accounts nicht ausgeschlossen! Ganz im Gegenteil – es gibt zahlreiche Accounts von Firmen/Marken, die eine große Community erreichen und äußerst beliebt sind. Ein paar Beispiele seht ihr auf den folgenden Seiten.

Fotos von: @muradosmann @victoriassecret @parisianfloors @odernichtoderdoch.de @nike @thiswildidea @danielwellington @manebi www.instagram.com

Murad Osmann, Fotograf

Das macht der Account richtig:

- Mit dem Hashtag #followmeto löste Murad Osmann einen Hype aus - er fotografierte seine Freundin an spektakulären Orten während er ihre Hand hielt

- Er rief Andere dazu auf, unter seinem Hashtag das Gleiche zu tun - so wurde sein Profil weltbekannt

- Die Orte sehen märchenhaft aus und die Bearbeitung ist in jedem Bild gleich, wodurch es harmonisch wirkt

- Sein Alleinstellungsmerkmal ist das immer gleiche Motiv an traumhaften Orten auf der ganzen Welt als auch die Bildbearbeitung

Victorias Secret, Unterwäschemarke

Das macht der Account richtig:

- **„Sex sells"** - so lautet hier das Motto

- Bekannte Models die selbst hunderttausende Follower haben posieren in sexy Unterwäsche und machen den Account dadurch beliebt

- Zwischendurch wird für einzelne Produkte (wie z.B. Make-Up) geworben

- Außerdem ist hier schon der neue „Einkauf- Button" integriert, durch den man direkt vom Bild aus Produkte kaufen kann

Parisian Floors, Kreativ-Account

Das macht der Account richtig:

- Hier geht es nicht um Produkte oder Dienstleistungen, hier geht es um Design und Inspiration
- Der Account fotografiert ausschließlich Pariser Böden in all ihren Mustern, Formen und Farben - fotografiert wird von oben und die Schuhe stehen neben den Böden ebenso im Mittelpunkt
- Das Alleinstellungsmerkmal ist klar - hier wurde ein Thema gefunden und durchgängig umgesetzt

ONOD, Schreibwaren & mehr

Das macht der Account richtig:

- Der Account hat eine klare bildliche Sprache - die Hauptfarben sind stets weiß und rosa bzw. Pastell-Farben

- Es ist alles sehr verspielt, süß und mädchenhaft gehalten

- Der Account postet eigene Bilder sowie Reposts von Influencern mit den Produkten

- Das Alleinstellungsmerkmal ist die Liebe zum Detail und das verspielte Design im einheitlichen Farbschema

Nike, Sportmarke

Das macht der Account richtig:

- Der Account setzt auf das Integrieren von Sportlern, viel Dynamik und Ausdruck von Kraft durch Videos und eher dunklen Farben

- Die Bildsprache wirkt eher „männlich"

- Es soll Sportlichkeit und Stärke vermitteln, die mit den Produkten verbunden werden sollen

- Das Alleinstellungsmerkmal ist der häufige Einsatz von Videos und die kraftvolle, dynamische Bildsprache

This Wild Idea, Fotograf

Das macht der Account richtig:

- Der Account hat immer das gleiche Motiv - den Hund Maddie, der immer die Hauptrolle in den Fotos spielt
- Der Hund wird in den unterschiedlichsten Situationen fotografiert
- Die Bilder vermitteln ein Abenteurer/ Aussteiger- Gefühl, da auf den Bildern viel Natur, Holz, rustikale Möbel zu sehen sind
- Verkauft werden Bildbände der Fotografien
- Das Alleinstellungsmerkmal ist der Fokus auf den Hund in unterschiedlichsten Situationen und die einheitliche Bildsprache

Daniel Wellington, Uhren

Das macht der Account richtig:

- Der Account setzt seine Uhren durch Reposts von verschiedenen Influencern gekonnt in Szene

- Es werden unterschiedliche Bildkompositionen miteinander kombiniert, während der Fokus immer auf dem Produkt bleibt

- Zwischendurch werden zur Auflockerung Reisebilder gepostet, auf denen die Uhr nicht so präsent, aber sichtbar ist - diese Bilder dienen vor allem dazu den Eindruck zu vermitteln „Abenteuer" mit der Uhr erleben zu können

- Das Alleinstellungsmerkmal sind die unterschiedlichen Bilderstile der Reposts und der Fokus auf das Produkt als auch die Vermittlung von Abenteuerlust

Manebi, Schuhe

Das macht der Account richtig:

- Der Account konzentriert sich auf Urlaubsstimmung, Meer- und Strandbilder - dadurch kommt die Farbe blau in verschiedenen Nuancen vor

- Das Produkt wird angezogen oder einzeln präsentiert, aber wirkt nie zu werbend

- In regelmäßigen Abständen werden Bilder vom Meer und Strand ohne das Produkt gepostet

- Das Alleinstellungsmerkmal ist das Thema Sommer, Sonne, Strand und Meer und dadurch das Vermitteln von Urlaubsgefühl

Bei Firmen/Marken-Accounts ist es wichtig, sich vorher schon eine gute und passende Strategie zu überlegen, was die Zielgruppe an dem Account ansprechen soll und nicht irgendetwas zu teilen, um überhaupt zu posten. Im Folgenden gebe ich euch ein paar Tipps an denen ihr euch orientieren könnt.

Thema

Euer Account sollte ein Thema haben, das sich in den Bildern wiederfindet. Wichtig ist: Ihr solltet nicht in jedem Bild nur eure Produkte bewerben! Postet vielmehr Beiträge die vor allem visuell hochwertig sind. Seid ihr zum Beispiel eine Firma die Bikinis und Bademode herstellt, dann macht es Sinn eure Bikinis zu zeigen (am Besten getragen) und zum Thema Strand/Urlaub/Wasser weitere passende Fotos zu posten. Das können z.B. Bilder vom Strand sein, von einem Pool, von exotischem Obst (wie beispielsweise eine Ananas) oder Bilder, die in einem Blauton (wegen der Assoziation zum Meer) gehalten sind. Am Besten kommen außerdem Bilder an, auf denen Menschen abgebildet sind. Diese müssen nicht einmal komplett zu sehen sein, es reicht auch, wenn man eine Person von hinten fotografiert (z.B. am Strand oder am Pool) oder nur bestimmte Körperbereiche zu sehen sind (z.B. zwei Arme, die eine Ananas halten). **Wichtig ist dabei immer:** Es sollten selbst fotografierte Bilder sein, oder Bilder, die im Rahmen von Kooperationen mit Influencern entstanden sind! Zum einen sieht das für andere Nutzer interessanter aus, zum Anderen müsst ihr euch dann nicht mit Bildrechten herumschlagen (die Erlaubnis der Influencer solltet ihr euch vorher einholen).

Außerdem ist es wichtig, sich mit einer bestimmten Idee von anderen Accounts abzusetzen. Schöne Fotos gibt es schon genug und man wird damit keine Aufmerksamkeit mehr erregen. Denkt euch stattdessen etwas aus, was es in dieser Form möglichst noch nicht gibt. Das muss nichts besonders Spektakuläres sein – wenn ihr diese Kleinigkeit aber durchgängig macht, dann werdet ihr euren Followern dadurch (unterbewusst) im Gedächtnis bleiben.

Ich selbst **@theblondestories** habe mir zum Beispiel überlegt immer wieder in der Multi-Foto-Funktion einen „Blick hinter die Kulissen" einzubauen. Das sind beispielsweise Foto-Fails, die (unschöne) Umgebung drumherum oder das Originalbild vor der Bearbeitung. Man kann also den direkten Vergleich zwischen Instagram-Bild und Outtake aus der gleichen Situation sehen.

Es gibt aber noch viele weitere Beispiele. Das Markenzeichen eine der erfolgreichsten Bloggerinnen **@ohhcouture** ist eine sehr farbenfrohe Bildgestaltung und die Tatsache, dass sie häufig von hinten zu sehen ist (oft mit Halb-Dutt, welligen Haaren und Blick in die Landschaft).

Das Stilmittel der Firma **@truefruitssmoothies** ist wiederum die Provokation. Bereits durch Hashtags wie #einhornkotze und #ohnemett auf den Flaschen wurden virale Wellen im Social Web ausgelöst. Vor allem die eher sexuell ausgerichteten Provokationen erregen besonders viel Aufmerksamkeit. Außerdem gehen sie oft auf aktuelle Themen und Trends ein, wie zum Beispiel mit der österreichischen Kampagne „Bei uns kannst du kein braun wählen" zum Thema Fremdenfeindlichkeit im Wahlkampf.

Der Sneaker-Store **@asphaltgold_sneakerstore** hat eine große Followerschaft durch sogenannte „On-Feet-Bilder" aufgebaut. Durch Fotos von angezogenen Schuhen stellen sie jeweils das Produkt in den Vordergrund.

Formate

Einige Accounts haben „Formate". Formate sind immer wiederkehrende Themen, die meistens an dafür festgelegten Tagen gepostet werden. Ein Künstler könnte beispielsweise jeden zweiten Montag in seiner „Caption" (der Bildunterschrift) ein bekanntes Zitat von Van Gogh, Monet, Picasso o.ä. posten oder an jedem ersten Sonntag im Monat einen Künstlertipp für verschiedene Malweisen geben.

Beispiel @mitvergnügen

Unter dem Format #aufgeschnappt postet dieser Account jeden Freitag Gesprächsfetzen, die andere Nutzer in der Bahn gehört haben und dem Account per Nachricht haben zukommen lassen. (Anmerkung: Bilder, die reinen Text zeigen wie in diesem Format sind meistens weniger beliebt. Trotzdem ist es eine gute Möglichkeit, die Follower mit einzubeziehen und so seine Community stärker an sich zu binden). Auch die „Gelbe Bank" ist ein Format, denn an der immer gleichen Stelle werden neue Interviewpartner fotografiert und anschließend gepostet.

Ästhetik

Auch bei Firmen/Marken-Accounts spielt die Ästhetik eine große Rolle. Eure Bilder sollten gut zusammenpassen und miteinander harmonieren. Da auf den ersten Blick immer 9 Fotos in eurem Profil zu sehen sind, sollten sie direkt ansprechend aussehen und hinsichtlich der Bildbearbeitung und der Motive stimmig wirken. Nur so werden euch andere User folgen, wenn sie auf euer Profil kommen, denn der erste Eindruck entscheidet. Anfangs ist es mir oft passiert, dass ich zwei perspektivisch oder farblich ähnliche Bilder in einer solchen zeitlichen Abstand voneinander gepostet habe, dass diese beiden Fotos letztendlich direkt übereinander standen. Das sieht nicht besonders ansprechend aus, allerdings kann man die Bildreihenfolge nach dem Posten nicht mehr ändern. Eine tolle App, in der man genau das vorher planen kann ist die App „Snugg". Hier kann man seine Bilder in das typische Instagram Raster hochladen und hin und her verschieben, sodass man schon vor dem Posten sieht, in welcher Reihenfolge die Bilder am Besten miteinander harmonieren. Ich mache mir davon meistens einen Screenshot und poste meine Bilder dann in der gewünschten Reihenfolge.

Influencer

Influencer (engl. to influence: beeinflussen) sind Menschen, deren Beiträge die Meinungsbilder in den sozialen Medien prägen. Sie haben in der Regel eine sehr reichweitenstarke Community bei

69

Instagram (oder auf anderen sozialen Medien) in Form von Followern. Sie wissen am Besten, wie sie Produkte in den richtigen Fokus rücken und sind geübt bei der Bilderstellung und - bearbeitung. Kein Wunder also, dass viele Firmen sich genau das zu Nutze machen und die durch die Zusammenarbeit mit Influencern entstandenen Bilder auf ihrem Account reposten. Diese Methode hatte ich bereits ein paar mal angesprochen und ich würde auf jeden Fall dazu raten, sobald ihr mit Influencern zusammenarbeitet. Beide Seiten haben hiervon nämlich einen Gewinn: der Influencer wird auf eurem Account gepostet (wichtig: taggen) und erreicht so neue Nutzer - und ihr habt hochwertiges Bildmaterial, das euer Profil aufwertet. Wie die Zusammenarbeit mit Influencern gelingt, beschreibe ich ausführlich in Kapitel „So erreichst du mit Influencer Marketing deine passende Zielgruppe". Ein Account, der das professionalisiert hat ist z.B. @balibody mit über 1 Mio. Abonnenten.

Schritt 3: So funktioniert die Instagram-Community

Ich zeige dir Möglichkeiten auf, wie du mehr Follower, Likes und Kommentare bekommen kannst. So baust du dir Schritt für Schritt eine tolle Community auf, die nicht nur dein Instagram-Profil, sondern auch deine

Produkte/deine Dienstleistung lieben wird. Außerdem geht es um weitere Möglichkeiten der Followerbindung: z.B. durch Instagram Stories.

So bekommst du mehr Follower, Likes und Kommentare

Die gute Nachricht vorweg: Es ist relativ einfach über Instagram kostenlos neue Abonnenten zu bekommen. Ich zeige euch ein paar Möglichkeiten, um neue Follower zu gewinnen und Engagement zu erreichen.

1. Kommentieren und Liken

An erster Stelle steht das Kommentieren und Liken. Achtet hier jedoch wieder darauf, dass ihr dieses nur bei Usern macht, die eurer Zielgruppe entsprechen. Ihr würdet sicherlich auch User als Abonnenten gewinnen, die nicht primär an eurer Firma/Marke interessiert sind, sondern nur an den Bildern oder vielleicht sogar nur daran euch selbst als Abonnent zu gewinnen. Sie werden jedoch mit großer Wahrscheinlichkeit eure Produkte nicht kaufen bzw. eure Dienstleistung nicht in Anspruch nehmen und die Engagement Rate wird auch weniger stark sein im Vergleich zu Usern aus eurer Zielgruppe. Instagram ist mittlerweile so groß, dass eure Zielgruppe mehr als ausreichend sein wird! Studien geben an, dass ein User euch mit einer 4x so hohen

Wahrscheinlichkeit folgen wird, wenn ihr seine Bilder kommentiert. Achtet jedoch beim Kommentieren, dass die Bilder nicht älter als 2 Tage alt sind und mit weniger als 20 Kommentaren gelistet sind, damit ihr stärker auffallt. Das Gleiche gilt für das Liken. Studien geben an, dass ein User durchschnittlich für 100 Likes auf fremden Bildern in etwa 22 Likes und ca. 6 neue Follower für sein eigenes Profil zurückbekommt.

Tipp: Erstellt euch ein Worddokument auf eurem Computer mit 5 Accounts, die euch ansprechen, die eurer Zielgruppe gefallen würden und die zu eurem Konzept passen. Klickt euch dann durch die Bilder und schaut, wer darunter kommentiert. Klickt diese Profile an und prüft, ob sie zu eurem Konzept passen. Sollte das so sein, dann notiert euch auch diese Accounts in eurem Worddokument und lasst ein Like als auch einen hilfreichen Kommentar da. So verfahrt ihr immer weiter. Im Idealfall werden diese Profile auf euch aufmerksam und liken und kommentieren auch euren Account. Sollte euer Feed ansprechend aussehen und eurer Zielgruppe entsprechen, werden sie euch mit hoher Wahrscheinlichkeit folgen.

Zweite Möglichkeit: Unter dem Reiter „Abonniert" seht ihr, welche Beiträge eure Follower geliked haben. Diese Accounts könnten ebenfalls eure Zielgruppe sein.

2. Folgen/Entfolgen

Von dieser Methode rate ich ab! Durch das massenhafte Folgen von anderen Profilen und späterem wieder Entfolgen, bekommt ihr zwar viele neue Abonnenten, die euch jedoch nur abonniert haben, weil ihr sie abonniert habt. Schaden tut es euch nicht, jedoch kostet es viel Zeit und der zusätzliche Nutzen ist äußerst fragwürdig. Viele Influencer nutzen diese Methode um möglichst schnell viele neue Abonnenten zu bekommen. Der große Unterschied zu Influencern ist jedoch, dass diese unter anderem nach der Anzahl der Follower von anderen Marken bezahlt werden. Bei euch hingegen geht es darum mögliche Käufer als Abonnenten zu gewinnen. 1 Abonnent der möglicherweise ein Produkt bei euch kauft, ist wertvoller als 100 Abonnenten, die niemals etwas bei euch kaufen würden.

3. Gruppen erstellen

Viele User sind nicht an Bildern von unbekannten Profilen ohne Likes und Kommentaren interessiert. Dies könnt ihr mit der Erstellung einer Gruppe vermeiden. Damit ist ein Gruppenchat bei Instagram mit anderen Usern gemeint, die sich gegenseitig unterstützen möchten. Sucht euch zu Beginn kleinere unbekannte Blogger aus, die ihr anschreibt und fragt, ob sie an einer Support-Gruppe interessiert sind. Die Gruppe sollte aus mindestens 5 und maximal 14 weiteren Usern bestehen (Instagram-Gruppen sind auf 15 Mitglieder limitiert). Die Regeln sehen meistens wie folgt aus:

- Jeder der ein neues Bild postet, teilt dies der Gruppe mit

- Jeder aus der Gruppe liked und kommentiert das Bild

- Jeder sollte innerhalb von 24h geliked und kommentiert   haben, bevor er sein eigenes Bild in der Gruppe teilt

Damit stellt ihr sicher, dass eure Bilder immer mindestens 5 Kommentare haben. Dieser Umstand erweckt für Außenstehende ein größeres Interesse an eurem Bild und regt andere User wiederum an, sich ebenfalls zu beteiligen. Auch der Instagram Algorithmus berücksichtigt die steigenden Likes und Kommentare und zeigt euer Bild dementsprechend auch häufiger anderen Nutzern an.

Hinweis: Angeblich soll Instagram mittlerweile gegen diese Art von Gruppen vorgehen, indem die Reichweite heruntergesetzt wird, sobald Instagram erkennt, dass man Likes und Kommentare vor allem durch Gruppen bekommt (bspw. durch das Erkennen der typischen Worten wie „posted" und

„done" in den Gruppen-Chats). Deswegen werden viele Gruppen nun über andere unabhängige Apps wie z.B. Telegram geführt.

4. Bots

Jetzt kommen wir zu einem heikleren Thema, aber ich möchte euch nichts vorenthalten und alle Möglichkeiten aufweisen. Ich spreche hier jedoch keine Empfehlung für die Nutzung eines Bots aus. Ich weiß jedoch, dass eine Vielzahl von Influencern und bekannten Bloggern darauf zurückgreift, denn der Bot nimmt einem die ganze Arbeit - das Liken und Kommentieren - ab.

Was ist ein Bot genau? Ein Bot ist ein selbstständig laufends Computerprogramm, das automatisch in eurem Namen andere User kommentiert und liked. Ihr könnt dort genauestens eure Zielgruppe bestimmen und die Anzahl der Kommentare und Likes, die der Bot durchführen soll, festlegen. Eine Auswahl an Kommentaren müsst ihr selbst festlegen und der Bot wählt dann per Zufall aus einer Liste von Kommentaren aus. Zu den bekanntesten Webseiten zählt instazood.com.

Mit den richtigen Einstellungen kann man hier täglich auf 10-50 neue Follower kommen. Dazu kommen viele Likes und Kommentare. Jedoch muss man auch sagen, dass die Zielgruppe nicht immer optimal getroffen wird, da Instagram im Vergleich zu Facebook nicht so detaillierte Informationen von ihren Nutzern abfragt. Es könnte also passieren, dass ihr nur Spam-Accounts erreicht - Also Vorsicht! Ob ihr einen Bot nutzen möchtet, solltet ihr euch gut überlegen denn es entspricht nicht dem eigentlichen Sinn von Instagram. Ich persönlich würde euch davon abraten, da ihr dadurch Accounts liked und kommentiert, die ihr selbst gar nicht gesehen habt und ihr somit vielleicht auch gar nicht tatsächlich mögt. Um aber echte und wertvolle Follower zu bekommen, die sich für euch und euer Themengebiet wirklich interessieren und um eine Beziehung zu ihnen aufzubauen, sollte auch die Interaktion aus echtem Interesse heraus entstehen. Das ist mit einem Bot nicht gegeben.

5. Hashtags verwenden   Über das Setzen von Hashtags werden eure Bilder auch für Nutzer sichtbar, die euch noch nicht folgen. Bei Instagram ist es sehr üblich nach Hashtags zu suchen, um sich inspirieren zu lassen. Daher solltet ihr unbedingt Hashtags setzen. Wie bereits angesprochen würde ich aber davon abraten Hashtags wie #like4like #follow4follow usw. zu verwenden, da ihr damit nur Spam- Accounts erreicht. Ich empfehle euch bis zu 20 exakt passende Hashtags in der Caption zu verwenden. Diese sollten unbedingt zum Foto und zur Beschreibung passen. Das Ziel ist, dass ihr bei den jeweiligen Hashtags weit oben angezeigt werdet. Die Hashtags sollten aus einem Mix zwischen sehr bekannten Hashtags (am meisten gesuchte, aktuelle Trends) und weniger bekannten Hashtags bestehen. Instagram teilt bei der Hashtag-Suche die Posts in zwei Kategorien auf: Einmal die beliebtesten Posts und einmal die aktuellsten Posts in chronologischer Reihenfolge. Bei oft verwendeten Hashtags erscheint ihr also nur sehr kurz oben in der Suche, während ihr bei spezifischeren Hashtags länger oben gelistet bleibt. Im Optimalfall landet ihr bei den beliebtesten Beiträgen. Das könnt ihr vor allem bei weniger häufig gesuchten Hashtags schaffen, denn da ist der Wettbewerb nicht so groß. Man sollte deshalb immer eine Kombination von Hashtags wählen, welche auf beide Bereiche der Suchergebnisse abzielen. Das Suchvolumen wird euch immer bei der Eingabe eines Hashtags angezeigt (siehe Screenshots links). Übrigens: Unter „Ähnliche" könnt ihr euch Inspirationen für weitere Hashtags holen, die ihr für euer Bild nutzen könnt (siehe Screenshots links).

6. User- & Inspo-Seiten taggen Wie vorher bereits beschrieben, vergrößern Tags die Reichweite eures Bildes. Euer Bild taucht dann auf den entsprechend getaggten Profilen auf und ist dort für deren Abonnenten sichtbar. Auch hier solltet ihr wieder zielgenaue Tags verwenden, damit ihr eure Zielgruppe erreicht. Gebt dazu einfach mal die Attribute bei Instagram ein, die das Thema eurer Firma aufgreifen und schaut welche großen Profile ihr dazu findet. Besonders gut eignen sich sogenannte Insposeiten zu einem bestimmten Thema, die Fotos von anderen Usern veröffentlichen und so einem größeren Publikum zugänglich machen. Beispielsweise postet der Account „denimaddicted_" nur Outfits, die Jeansstoff beinhalten.

Der Hashtag #fashionblogger wird sehr häufig verwendet

Der Hashtag #fashionblogger_de wird mittel häufig verwendet

Der Hashtag #fashionblogger_muc wird weniger verwendet

Dieser Account hat 141Tsd. Abbonnenten (Stand: 08/2017). Die Follower solcher Accounts sehen sich auch oft die getaggten Bilder an, wo nun ihr auftauchen könntet und so neue Follower gewinnt. Im Optimalfall repostet die Insposeite euren Account und ihr erreicht eine neue große Reichweite. Wie ich schon bei dem Punkt „Die 7 häufigsten Fehler auf Instagram" erwähnt habe, muss hier gesagt werden, dass das Reposten durch große Accounts im Verhältnis zu den Abonnenten nicht so viel bringt wie man erwarten würde. Nützlich ist das nur, wenn man von verschiedenen großen Accounts getaggt wird und so eine „Lawine" anstößt, sowie als attraktiver für den Instagram Algorithmus bewertet wird. Achtet bei der Auswahl solcher Accounts nicht nur auf die Follower- und Likeanzahl, sondern vor allem auch auf die Anzahl und die Qualität der Kommentare! So erkennt ihr, ob diese Accounts ebenfalls gekaufte Follower/Likes haben. Ein paar Accounts (im Modebereich), denen ihr „vertrauen" könnt sind z.B. @americanstyle, @stylefrique, @ootdsubmit und @ootdmagazine.

Hinweis: Bezahlt niemals für eine Seite, die anbietet ein Bild von euch zu posten! Diese Accounts sind schwarze Schafe, denn sie haben auf den ersten Blick vielleicht viele Follower, allerdings sind die meisten davon gekauft. Somit erreicht ihr keine neuen User, wenn der Account ein Bild von euch postet und ihr habt das Geld unnötig herausgeworfen.

7. „Pick of the Day" Reposts

Viele Firmen-Accounts haben spezielle Hashtags, die andere User nutzen können, wenn sie ein Foto des Produkts hochladen. In regelmäßigen Abständen suchen die Firmen dann das beste Bild heraus und posten es als „Pick of the Day". Das ist für beide Seiten sinnvoll: Die User erhoffen sich von dem Firmen-Account repostet zu werden und der Firmen-Account bekommt mehr Reichweite, indem er vermehrt getaggt wird und sich der spezielle Hashtag verbreitet. Ich würde euch empfehlen das ebenfalls zu machen. Ein weiterer Pluspunkt: Ihr könnt so herausfinden, wer eure Kunden sind und potentielle Kooperationspartner ausfindig machen. Für eine Firma ist es schließlich die beste Wahl mit einem Influencer zusammen zu arbeiten, der die Produkte sowieso schon gerne kauft bzw. nutzt. Gebt den Hashtag einfach in euer Profilbeschreibung an oder macht in euren Posts auf den „Pick of the Day" aufmerksam.

Gefällt **girlwithacreativemind**, **theo_dorita** und **30.120** weiteren Personen

danielwellington Congratulations to @dhiptadi on being our #DWPickoftheDay! Make sure that you tag your photos with #DanielWellington for a chance to get featured, and visit danielwellington.com to find your favorites and local stores.

Beispiel: @danielwellington

So baust du eine Community auf

Wenn ihr schon ein paar Follower bekommen habt, solltet ihr ihnen einen Grund geben euch weiterhin zu folgen und immer wieder auf euer Profil zu gehen. Das erreicht ihr, indem ihr eine „Beziehung" zu euren Followern aufbaut. Diese Möglichkeiten sind dafür sehr wirkungsvoll:

1. Geht auf eure Follower ein.

Das bedeutet, dass ihr die Kommentare von anderen Usern unter euren Bildern beantworten solltet. Auch wenn es nur ein „Vielen lieben Dank! Hab einen schönen Tag" ist, aber es ist wichtig, dass sich eure Abonnenten wahrgenommen fühlen. Schließlich haben sie sich extra die Zeit genommen euer Bild zu liken und zu kommentieren, also solltet ihr euch auch Zeit nehmen ihnen zu antworten. Außerdem taucht ihr damit wieder in den Neuigkeiten der jeweiligen Person auf und ruft euren Account wieder ins Gedächtnis. So entsteht ein sympathischer Austausch und ihr bleibt positiv in Erinnerung.

2. Gebt euren Followern die Möglichkeit zu interagieren.

Das bedeutet, dass ihr in eurer Bildunterschrift immer mal wieder eine Call-to-Action, also eine Aufforderung oder eine Frage, einbauen solltet. So fühlen sich eure Follower angesprochen und sie haben die Möglichkeit euer Bild ausführlicher zu kommentieren, als nur mit „Schönes Foto" oder „Tolle Tasche" usw.

3. Antwortet auf Nachrichten.

Dieser Punkt sollte eigentlich selbstverständlich sein. Wenn euch jemand eine private Nachricht bei Instagram schickt, solltet ihr freundlich darauf antworten.

Das ist Instagram Stories und so setzt du es erfolgreich für deine Ziele ein

Erst einmal solltet ihr wissen, wie Instagram Stories funktioniert. Auf der Home-Seite wird einem ganz oben eine Liste mit Kreisen und Gesichtern der

Accounts angezeigt, denen man bereits folgt und die Stories hochgeladen haben. Gibt es etwas Neues, ist der Kreis bunt hinterlegt. Die Reihenfolge hängt hier von der Interaktion mit der jeweiligen Person ab. Zusätzlich kann man auch direkt auf das Profil des jeweiligen Users gehen und von dort aus die vorhandene Story anschauen. Ganz links findet man seine eigene Story und mit dem Plus-Symbol lassen sich Fotos und Videos aufnehmen und direkt teilen. Durch das Klicken auf die drei kleinen Punkte rechts unten, können Fotos oder Videos aber auch im Nachhinein wieder gelöscht werden. Von dort aus lassen sich auch die hochgeladenen

Medien auf das Smartphone speichern, im eigenen Profil hochladen und man kann die Einstellungen von Instagram Stories bearbeiten (bspw. kann man seine Story vor bestimmten Usern verbergen). Schaut man sich gerade eine Story an, kann zwischen den einzelnen Abschnitten mit Tippen weitergeschaltet werden oder man kann durch Streichen zwischen den Usern wechseln. Durch einen Klick auf die linke Bildhälfte ist auch das Rückwärts-Blättern möglich. Außerdem gibt es eine Nachrichten-Funktion, mit welcher man einem User direkt auf seine Instagram Story antworten kann.

Instagram Story Hacks:

1. Videos pausieren. Möchtet ihr einen Text lesen oder wollt ihr euch einen Ausschnitt genauer angucken? Dafür müsst ihr nur länger mit dem Finger auf den Bildschirm drücken. Wenn ihr es weiter spielen lassen möchtet, müsst ihr einfach loslassen.

2. Verschiedene Farben in einem Text benutzen. Dafür müsst ihr in eurem Text einfach das jeweilige Wort markieren und die gewünschte Farbe aussuchen. Apropos Farben: Ihr könnt auch eine eigene Farbe kreieren. Haltet dafür euren Finger einfach etwas länger auf eine Farbe und schon könnt ihr auf dem erscheinenden Farbfeld einen exakten Ton auswählen.

3. Den ganzen Bildschirm einfärben. Wenn ihr etwas schreiben möchtet, aber kein Bild als Hintergrund verwenden wollt, könnt ihr einfach diesen Trick benutzen: wählt einen Stift aus und haltet den Finger auf dem Bildschirm gedrückt. Der Bildschirm wird dann automatisch farblich ausgefüllt.

4. Während der Aufnahme zoomen. Wollt ihr während der Videoaufnahme zoomen? Kein Problem. Während ihr den Video-Kreis drückt um etwas aufzunehmen, müsst ihr einfach nur den Finger nach oben bewegen. So könnt ihr zoomen während die Aufnahme läuft. Rauszoomen geht dann entsprechend in die andere Richtung.

5. Ein Bild oder Video später posten. Wenn ihr ein Bild oder Video posten möchtet, das ihr bereits aufgenommen habt, müsst ihr nur auf dem Bildschirm nach unten wischen. Dort erscheinen all eure Medien. Fotos und Videos, die älter als 24 Stunden sind, bekommen automatisch einen Datumsstempel. Den könnt ihr aber löschen.

Für Instagram Stories gelten andere Regeln wie für den normalen Instagram Feed. Hier solltet ihr euren Abonnenten einen Blick hinter die Kulissen zeigen. Es geht dabei nicht um hochqualitative Videos oder Fotos, sondern um Authentizität. So begeistert ihr beispielsweise eure Follower:

1. Nehmt eure User mit, wenn ihr unterwegs seid oder zeigt ihnen einen Blick hinter die Kulissen eurer Firma/Marke. **Beispiel:** als Restaurant könntet ihr zeigen, wie ein beliebtes Gericht zubereitet wird.

2. Beantwortet häufig gestellte Fragen eurer Follower.

3. Findet interessante Themen und sagt eure Meinung dazu.

4. Führt Interviews mit euren Kunden. Lasst sie positives wie negatives Feedback sagen. Jedoch sollte es nicht zu negativ sein und die positiven Argumente sollten klar überwiegen.

5. Gebt euren Zuschauern Mehrwert, indem ihr How-To-Tutorials zeigt. **Beispiel:** Ihr verkauft Clip-

In-Haar-Extensions. In einer Story könntet ihr zeigen, wie man sie am Besten in die Haare clipt oder wie man verschiedene Frisuren damit machen kann.

6. Zeigt atmosphärische Bilder und Videos, die z.B. der Jahreszeit entsprechen. **Beispiel:** Im Herbst zeigt ihr in einem Boomerang, wie ihr die Laubblätter in die Luft werft oder im Winter macht ihr ein Video, während entspannte Musik läuft und Kerzen auf dem Weihnachtsgedeck leuchten.

7. Gebt hilfreiche Tipps und Listings. **Beispiel:** Ihr vermietet Unterkünfte. Zeigt ein Listing der 10 schönsten Orte in eurem Land oder der besten Arbeitsplätze in euren Unterkünften. Verkauft ihr ein Produkt, könntet ihr verschiedene Arten zeigen wie man es benutzt oder überraschende Fakten über eure Branche preisgeben.

8. Macht auf zeitbegrenzte Sales aufmerksam! Bietet bestimmte Produkte für die 24 Stunden der Instagram Story zu einem vergünstigten Preis an und rührt die Werbetrommel dafür. Die Landingpage dafür könnt ihr in der Story direkt verlinken.

9. Alternativ funktioniert das auch mit Giveaways und Rabatt Coupons, die ihr exklusiv in eurer Story verlost bzw. preisgebt. Macht gleichzeitig in euren normalen Profil-Posts darauf aufmerksam. Dadurch weckt ihr das Interesse der Follower sich eure Story anzuschauen.

10. Spielt mit den Tools Umfrage, Face-Filter, dem

Standort-Stempel, dem Temperatur-Stempel, dem Zeitstempel, den Stickern und den Stiften herum! Instagram Stories soll Spaß machen und nicht zu perfekt sein. Hier kommt das Spontane und Unfertige besser an!

Seid kreativ, hier gibt es keine Grenzen! Zudem bringt Instagram Stories einen weiteren großen Vorteil mit sich: Ihr werdet immer je nach Aktualität oben im Feed angezeigt. Damit bekommt ihr zusätzliche Aufmerksamkeit. Außerdem werdet ihr auch im Stories- Bereich der Hashtag-Suche angezeigt, wenn ihr Hashtags in euren Stories verwendet. Übrigens: da Hashtags in den Stories nicht so schön aussehen, könnt ihr sie auch hinter einem Text oder ähnliches „verstecken". Dafür den Text o.ä. einfach davor schieben!

Schritt 4: So erreichst du mit Influencer Marketing deine Zielgruppe

Erfolgreich mit Influencern werben – Was sind Micro, Makro und Mega Influencer?

Klar ist: Das Werbepotential von Influencern ist so groß, weil ihre Follower ihnen vertrauen. Schließlich glaubt man auch eher der Familie oder Freunden, wenn sie einem ein Produkt oder eine Dienstleistung empfehlen, als der Werbung im TV oder in einer Zeitschrift. Gute Influencer sind glaubwürdig und authentisch, sie geben ihren Followern durch ihre Posts und den Einblick in ihren Alltag das Gefühl, sie zu kennen - wie ein guter Freund. Mega-, Makro- und Micro-Influencer unterscheiden sich durch die Anzahl ihrer Follower. Eine genaue Zahlen-Definition gibt es zwar (noch) nicht und die Übergange sind schleichend, allerdings werden im Allgemeinen solche Accounts als Micro-Influencer bezeichnet, die circa zwischen 1000 und 25.000 Follower haben, während Makro-Influencer circa zwischen 25.000 und 1 Mio. Follower haben.

Außerdem gibt es noch die ganz großen Mega-Influencer mit über 1 Millionen Abonnenten. Für viele Werbetreibende sind solche Prominente außerhalb jeglicher finanzieller Reichweite – aber das ist auch nicht nötig. Denn auch mit Micro- und Makro-Influencern lassen sich mindestens ebenso gute Ergebnisse erzielen. Die Maxime „Je mehr Reichweite, desto besser" ist überholt. Denn je größer die Follower-Anzahl, desto vielfältiger und damit ungenauer setzt sie sich zusammen. Ihre Follower haben mitunter völlig verschiedene Interessen, was bei der Platzierung von Produkten oder Dienstleistungen zu großen Streuverlusten führen kann. Werden Influencer richtig ausgesucht und geschickt eingesetzt, können sie große Erfolge erreichen.

Die konkreten Vor-und Nachteile und Kalkulations-Beispiele zeige ich euch im Folgenden auf.

Hinweis: Die Gruppe der Makro-Influencer umfasst die breiteste Followeranzahl-Spanne. Deswegen muss hier sehr stark auf den Einzelfall geachtet werden, da ein Influencer mit 30.000 Followern ebenso in diese Gruppe fällt, wie ein Influencer mit 900.000 Followern, obwohl die Vor- und Nachteile hier jeweils unterschiedlich ausfallen können. Die Punkte zu dieser Gruppierung sind also nur Richtungsgebend.

Die Vor- und Nachteile von Micro-Influencern auf einen Blick (1000 - 25.000 Follower, ca. 25-50% Engagement Rate)

Vorteile:

- Zielgerichtete Werbung möglich
- Kaum Streuungsverluste - sehr homogene Zielgruppe
- Große Auswahl an Micro-Influencern
- Sehr authentisch - starke Vertrauensbasis durch die enge   Bindung zu den Followern
- Hohe Engagement Rate (Likes & Kommentare im Verhältnis zu   der Followeranzahl)
- Geringeres Honorar möglich
- Experten auf einem Themengebiet - Spezialisierung innerhalb   einer Nische
- Algorithmusfördernd - durch die hohe Engagement Rate werden   sie von Instagram als relevanter eingestuft

Nachteile:

1. Geringere Reichweite
2. Weniger Erfahrung mit Kooperationen
3. Eventuell weniger professionelle Fotos

Best Practice Beispiel:

Eine Firma, die Diätpläne verkauft, hat 5.000€ Budget.

- 100 Micro-Influencer aus einem Themenbereich
- 2 Posts je 50€

Die Vor- und Nachteile von Makro-Influencern auf

einen Blick (25.000 – 1 Mio. Follower, ca. 5-25% Engagement Rate)

Vorteile:

1. Je nach Influencer zielgerichtete Werbung möglich
2. Wenig Streuungsverluste - relativ homogene Zielgruppe
3. Je nach Influencer hohe Engagement Rate (Likes & Kommentare im Verhältnis zu der Followeranzahl)
4. Geringeres Honorar als bei Mega-Influencern
5. Je nach Influencer Algorithmusfördernd - durch die hohe

Engagement Rate werden sie von Instagram als relevanter eingestuft

6. Viel Erfahrung mit Kooperationen
7. Meistens sehr professionelle Fotos 8. Oft Trendsetter

Nachteile:

1. Fanfaktor manchmal größer als Vertrauensfaktor
2. Höheres Honorar als bei Mico-Influencern
3. Je nach Influencer Streuungsverluste möglich

Best Practice Beispiel:

Eine Firma, die Diätpläne verkauft, hat 5.000€ Budget.

• 50 Makro-Influencer aus einem Themenbereich
• 1 Post je 100€

Die Vor- und Nachteile von Mega-Influencern auf einen Blick (ab 1 Mio. Follower, ca. 2-5% Engagement Rate)

Vorteile:

• Hohe Aufmerksamkeit
• Große Followeranzahl
• Je nach Influencer „Celebrity"-Status
• Viel Erfahrung mit Kooperationen
• Meistens sehr professionelle Fotos
• Oft Trendsetter

Nachteile:

1. Follower haben sehr unterschiedliche Interessen - sehr heterogene Zielgruppe
2. Einige der Follower folgen ihnen aus Antipathie/Abneigung und lassen sich nicht beeinflussen (im Gegenteil)
3. Sehr hohes Honorar

4. Fanfaktor größer als Vertrauensfaktor

5. „Abnutzungseffekt" bei Omnipräsenz

6. Viel Werbung (auf Konkurrenzprodukte achten - wirkt sonst unglaubwürdig!)

7. Zu viel Werbeschaltung verschreckt Follower

Best Practice Beispiel:

Eine Firma, die Diätpläne verkauft, hat 5.000€ Budget.

- 2 Mega-Influencer
- 1 Post je 2500€

Wie viel kosten Influencer mit verschiedenen Reichweiten?

Das ist natürlich abhängig vom Influencer selbst, der Branche und der vereinbarten Leistung. Soll der Influencer nur ein Bild/Video posten? Soll der Influencer das Produkt zusätzlich noch auf anderen Plattformen wie Instagram Stories bewerben? Folgende Zahlen könnt ihr jedoch als Grundlage für eure Kalkulation und Verhandlung verwenden:

Instagram Post: ca. 5€ pro Tausend Follower

Speziell für Instagram gibt die Webseite www.influencerdb.com für jeden Influencer einen Wert für einen Post an (siehe Screenshot).

Generell gilt: Influencer Marketing sollte nicht als Zusatzposten angesehen werden, der noch mal mitgenommen wird, wenn der Rest des Budgets aufgebraucht ist. Stattdessen sollten Influencer Relations zentral in den Marketing-Mix eingebettet und geschickt konzipiert werden.

Hinweis: Die Preise schwanken. Je nach Größe, Bekanntheitsgrad und Branche kann es zu größeren Unterschieden kommen. Die durchschnittlichen Zahlen basieren auf einer Follower-Anzahl zwischen 10.000 – 50.000.

Das Wichtigste zur Kennzeichnung von Werbung

Bevor es mit dem Influencer Marketing losgeht, solltet ihr über die rechtlichen Angelegenheiten Bescheid wissen. Lange Zeit befand sich das Thema

Werbungskennzeichnung in einem Graubereich und es gab keine konkreten Richtlinien, an die sich Influencer und Firmen/Marken gehalten haben oder halten mussten. Mittlerweile gibt es aber feste Regelungen der Kennzeichnungspflicht und neue Funktionen von Instagram, die dabei helfen sollen. Generell gilt: Hat der Post einen klar werblichen Charakter (z.B. übermäßig positiv), dann muss der Post gekennzeichnet werden, da sonst wegen Schleichwerbung oder unlauterem Wettbewerb gerichtlich vorgegangen werden kann. Als Kennzeichnung reicht nicht nur der Hashtag #ad (also Advertisement) am Ende einer Fülle von anderen Hashtags. Stattdessen muss deutlich das Wort „Werbung" oder „Anzeige" sowie die englische Form „Sponsored" oder „Advertisement" abgesetzt vor der weiteren Bildunterschrift angegeben werden. Dies gilt nicht nur für Blogger, sondern auch für Firmen/Marken.

Bezahlte Kooperationen können außerdem mit der Funktion „Bezahlte Partnerschaft mit XY" gekennzeichnet werden. Durch die Funktion werden Firmen/Marken von den Influencern verlinkt und erscheinen für Jeden kenntlich und eindeutig in dem jeweiligen Post. Dadurch bekommt die Firma/Marke außerdem Zugriff auf die gleichen Statistiken des entsprechenden Posts wie der Influencer. Auch in dem Stories-Bereich ist diese Funktion möglich.

Von der Kontaktaufnahme über das Briefing bis zur Kampagne

Die Recherche – So findest du die richtigen Influencer für deine Kampagne

1. Passenden Influencer suchen

Es gibt eine Vielzahl von Influencern, die nahezu jeden Bereich abdecken. Jedoch wird euch ein Influencer im Gaming Bereich nichts nützen und nur hohe Ausgaben bringen, wenn ihr in einem ganz anderen Bereich tätig seid. Daher gilt auch hier sich wieder seine Zielgruppe anzuschauen und entsprechend nach passenden Influencern zu suchen. Allerdings müssen in Abhängigkeit von eurer Zielgruppe nicht alle Influencer direkt in eurem Bereich tätig sein. Angenommen eure Firma vertreibt Torten, dann könnten entsprechend passende Food-Influencer ausgewählt werden. Handelt es sich dabei vor allem um Hochzeitstorten sollte auch nach Influencern gesucht werden, die sich als Paar darstellen oder solche Influencer ausgewählt werden, die sich mit Themen wie Hochzeit und Familie beschäftigen. Versucht immer möglichst kreativ zu denken!

2. Wo und wie finde ich den richtigen Influencer?

Hier gibt es genau 2 Möglichkeiten: **Selbst suchen**

oder **gefunden werden**. Ich empfehle in dem Fall selbst zu suchen, denn hier könnt ihr alle Kriterien selbst festlegen. Beim gefunden werden bekommt ihr einige Anfragen, die jedoch größtenteils nicht 100%ig passend sind. Zudem melden sich dort auch viele Influencer mit manipulierten Profilen. Später zeige ich euch auch noch, wie ihr seriöse Influencer von unseriösen Influencern unterscheiden könnt.

Selbst suchen

Ihr sucht ganz klassisch nach bestimmten Such-begriffen, die zu eurer Firma/Marke passen. In den Ergebnissen findet ihr dann eine Vielzahl von Bildern unterschiedlicher User. Schaut nach besonders hochwertigen Fotos, denn diese sind häufig von Influencern erstellt worden. Bei den ersten 9 Bildern handelt es sich immer um die beliebtesten Beiträge, also die meist gelikedten und meist kommentierten Fotos. Darunter erscheinen die neuesten Posts dieses Hashtags. Habt ihr einen Influencer gefunden, könnt ihr in den Kommentaren unter seinen Bildern nach weiteren Influencern suchen und so immer weiter vorgehen. Eine weitere Alternative einen passenden Influencer auf Instagram zu finden besteht über die Webseite: *www.influencerdb.com.* Hier habt ihr verschiedene Einstellungsmöglichkeiten, um einen passenden Influencer zu finden (Siehe folgenden Screenshot).

Gefunden werden

Es gibt verschiedene Influencer-Marketing-Platt-formen, die Marken und Influencer zusammen-bringen. Dort könnt ihr euer Produkt präsentieren und nach passenden Influencern anfragen. Die Bedingungen wie beispielsweise die minimal gewünschte Followeranzahl, den Preis für einen Post etc. könnt ihr selbst bestimmen. Solltet ihr noch keine Erfahrungen auf solchen Plattformen haben, empfehle ich euch vergleichbare Produkte anzuschauen und dementsprechend ein eigenes Angebot zu erstellen.

Folgende Seiten sind seriös:

https://brandnew.io
https://collabary.com
https://www.reachhero.de

3. Worauf solltet ihr bei den Influencern achten?

1. Aktivität: Es gibt eine Vielzahl an schwarzen Schafen und gekaufte Follower sind keine Seltenheit. Schaut euch daher an, wie aktiv die Follower sind: a. Bekommen Fotos/Videos viele Likes und Kommentare? b. Wirken die Kommentare echt und relevant? c. Steht der Influencer mit seinen Followern im Kontakt?

2. Nutzer-Analyse: Schaut euch die Personen hinter den Likes und Followern mal genauer an. Findet ihr dort viele Nutzer aus Ländern, die vielleicht eher ungewöhnlich sind? Ein weiteres Merkmal ist, wenn ein sogenannter Follower tausenden anderen Usern folgt und selbst nur wenige Follower hat. Posten die Follower überhaupt selbst Bilder und wenn ja, sind diese zumindest authentisch? Solche Fake- User findet ihr übrigens auch bei seriösen Profilen, ohne dass sie etwas dafür können. Fake-Profile sollten jedoch nicht den Hauptanteil der Followerschaft ausmachen. Solltet ihr beim Durchschauen ständig auf solche Profile stoßen, würde ich euch von dem Influencer abraten.

3. Geschlecht: „Nackte Haut verkauft noch keine Unterwäsche". Es gibt unzählige Influencer, die nach dem Motto „Sex Sells" erfolgreich auf Instagram agieren. Sexy Frauen ziehen aber nicht nur Frauen an, sondern auch zum Großteil Männer und umgekehrt. Das heißt, wenn ihr Frauenmode verkauft und einen Influencer mit 25.000 Followern sucht, solltet ihr euch vorher unbedingt den Frauenanteil anschauen. Das gilt natürlich auch für die umgekehrte Variante. Weiterhin solltet ihr euch auch die Personen hinter den Likes anschauen.

Bleiben wir bei dem Beispiel: Sollten von 2.000 Likes, 1.800 Likes von Männern stammen und nur 200 von Frauen, ist dies ein klares Indiz dafür, dass der vorliegende Influencer für Damenmode ungeeignet ist.

4. Größe: Je größer ein Influencer ist, desto teurer wird ein Post. So weit, so logisch. Es bedeutet aber nicht, dass je größer ein Influencer ist, desto erfolgreicher ein Post sein wird. Schaut euch hierfür noch einmal das Kapitel „Was sind Micro-, Makro- und Mega- Influencer" an.

5. Bild- / Videoinhalte: Schaut euch die bisherigen Kooperationen an, die der ausgewählte Influencer bereits gemacht hat und analysiert hier vor allem die Umsetzung. Folgende Fragen solltet ihr euch stellen:

• Was steht im Mittelpunkt: Der Influencer oder das Produkt?
• Wie ist die Qualität der Umsetzung?
• Passt der verwendete Stil zu meiner Firma/Marke?

Hinweis: Nach der Umstellung des Instagram

Algorithmus ist die Reichweite mit 4-5% von der Gesamtfolloweranzahl im Verhältnis bei großen Influencer (über 100.000 Follower) stark gesunken, wohingegen ein Post bei Micro-Influencern (unter 20.000 Follower) noch von immerhin 40-70% der Follower gesehen wird. Daher empfehle ich euch nach Influencern zu suchen, die zwischen 10.000 – 50.000 Follower haben.

Die Anfrage – So nimmst du Kontakt mit Influencern auf

Mich selbst haben schon viele Kooperations-anfragen erreicht, die in ihrer Qualität unter-schiedlicher nicht sein könnten. Es gibt einige **Don'ts**, die eine Firma machen kann, wenn sie einen Influencer für eine Kooperation anfragt, aber auch einige **Do's**, die eine Kooperation mit eurer Firma/Marke besonders erstrebenswert macht. Generell würde ich empfehlen zwei E-Mails für die Kontaktaufnahme einzuplanen: die erste E-Mail mit der Frage nach dem generellen Interesse an einer Kooperation und eine zweite E- Mail nach der Antwort darauf mit weiteren Details.

Das sollte drinstehen:

Erste E-Mail:

Informationen über eure Firma/Marke, Frage nach

dem Kooperationsinteresse, Angaben wie viele Instagram-Posts und Stories ihr euch wünscht und was ihr dafür bietet.

Zweite E-Mail nach der positiven Antwort:

Details zu Hashtags, Tags, Honorar, gewünschtem Zeitraum, Vorgaben für die Bildgestaltung, Vorgaben zu dem Thema (Rabatt- Code für die Follower).

Die wichtigsten Do's und Dont's bei der Kontaktaufnahme habe ich auf den nächsten Seiten einmal zusammengefasst.

Don't: Schreibt eure E-Mail nicht so unpersönlich wie einen Newsletter oder eine Pressemitteilung, sonst hat der Influencer schon beim Öffnen der Nachricht kein Interesse mehr.

Do: Schreibt persönlich, nennt den Influencer beim Namen und macht deutlich, dass ihr euch mit dem Profil des Influencers auseinander gesetzt habt. Ihr solltet auch nicht zu förmlich schreiben, sondern eher freundschaftlich-locker. Das ist so üblich.

Don't: Macht es nicht zu umständlich. Ein vorheriges Telefonat oder ein Kennenlernen für einen Instagram-Post ist zeitraubend und auch für den Influencer sehr nervig. Das könnt ihr machen, wenn ihr schon einige Male mit dem Influencer zusammengearbeitet habt und ihr eine Langzeit-Kooperation mit ihm plant.

Do: Erstellt euch Vorlagen für die ersten zwei E-Mails, die ihr den Influencern schickt. Wichtig: Passt diese individuell an den Influencer an (Name, Thema, ein paar Worte zu dem jeweiligen Instagram-Profil, Beispielbilder aus dem jeweiligen Instagram- Profil usw.)

Don't: Schreibt nicht zu viel. Ein guter Influencer bekommt täglich viele Kooperations-Anfragen und ist eher abgeneigt, wenn er sich erst einmal einen extrem langen Text durchlesen muss, bevor die Firma/Marke auf den Punkt kommt.

Do: Gebt in kurzen Sätzen wieder, was ihr eigentlich macht und fragt dann nach, ob Interesse an einer Kooperation besteht. Wichtig: Dabei solltet ihr schon konkret angeben, um wie viele Posts es sich handelt und was ihr dafür bietet.

Don't: Gebt schon in der ersten E-Mail Posting-Anweisungen zu Hashtags und Tags, die benutzt werden sollen. Ihr solltet nicht mit der Tür ins Haus fallen bevor überhaupt das Kooperations- Interesse angefragt wurde.

Do: Auch wenn es eine zusätzliche E-Mail bedeutet – führt erst dann alle weiteren Details auf, wenn der Influencer generell Interesse an einer Kooperation mit euch hat. So ist der Influencer eher gewillt auf eure Bedingungen einzugehen. Anschließend könnt ihr auch ein wenig „verhandeln".

Don't: Erstellt keine Verträge, die der Influencer erst einmal unterzeichnen muss. Auch wenn euch das Sicherheit geben soll, ist das ist in der Branche nicht üblich, sondern sehr umständlich und damit für den Influencer unattraktiv. (Auch hier: Das könnt ihr machen, wenn ihr schon einige Male mit dem Influencer zusammen gearbeitet habt und ihr eine Langzeit-Kooperation mit ihm plant).

Do: Wenn ihr trotzdem mehr Sicherheit haben wollt, solltet ihr euch die Bedingungen einfach per Mail bestätigen lassen. Dies ist im Notfall auch rechtskräftig.

Don't: Setzt nicht voraus, dass der Influencer eure Firma/Marke schon kennt. Auch wenn ihr schon einige Kooperationen durchgeführt habt und meint jeder müsste euch kennen – passt auf, dass ihr nicht zu abgehoben wirkt, denn das macht eine Kooperation mit euch unattraktiv.

Do: Hebt euch selbst nicht zu stark hervor, aber bleibt trotzdem selbstbewusst. Das wirkt professionell.

Optional:

- Ihr könnt auch ein kleines PDF mit allen Details (Infos zu eurer Firma/Marke, Beispiele wie der Post aussehen soll, Zeitrahmen usw.) vorbereiten und dem Influencer zuschicken, wenn er/sie Interesse an der Kooperation hat.

- Fragt nach dem Media-Kit des Influencers. Das ist ein Digitales Dokument, welches die wichtigsten Fakten des Blogs/Profils des Influencers für potentielle Kooperationspartner übersichtlich zusammenfasst. Hat ein Influencer ein solches Media-Kit, ist das ist ein zusätzlicher Indikator für die Professionalität des Influencers. Außerdem könnt ihr durch die darin enthaltenen Informationen genauer einschätzen, ob er/sie wirklich zu eurer Zielgruppe passt.

Auf den folgenden Seiten findet ihr Positiv- und Negativ- Beispiele von E-Mails zur Kontaktaufnahme, die ich selbst bekommen habe.

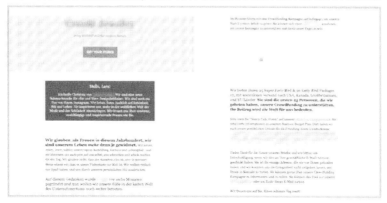

Negativ-Beispiel 1:

Der erste Fehler: Die E-Mail wirkt durch die farbliche Absetzung und den mittigen Text wie eine Werbung oder ein Newsletter. Auch der Button „Get your perks" lässt die Mail eher als Spam erscheinen. Liest man sich den Text trotzdem durch, wird schnell klar: der ursprünglich englische Text wurde laienhaft (wahrscheinlich durch ein Übersetzungstool) ins Deutsche übersetzt. Leider ist der Satzbau nicht richtig und viele Begriffe sind unverständlich. Man sollte also lieber in Englisch schreiben, als den Text schlecht zu übersetzen! Zudem ist die Mail viel zu lang und zu werbend geschrieben. Es wird nicht klar, worum es in der Kooperation gehen soll und was dafür geboten wird. Durch die Entschuldigung zum Schluß der Mail macht sich die Firma selbst klein und damit uninteressant.

Negativ-Beispiel 2:

Hier wird schnell deutlich, dass die Mail an viele verschiedene Influencer geschickt wurde, denn es wurde sich nicht einmal die Mühe gemacht bei der

Begrüßung den Namen zu nennen. Zudem sind die Forderungen schon fast dreist, da 4 Instagram Posts verlangt werden und direkt eine zeitliche Frist und zusätzliche Forderungen gestellt werden. Außerdem wird klar, dass ein Vertrag zustande kommen soll. Im Gegenzug wird dazu kaum etwas geboten - einzig und allein das Produkt. Eine Signatur ist zudem nicht vorhanden, sondern nur die Adresse der Webseite.

Negativ-Beispiel 3:

Auch hier wird der Influencer nicht beim Namen angesprochen, es wird nicht einmal auf formale Richtlinien geachtet, wie z.B. Absätze. Der Satz „If not....>_< no, please don't turn us down" wirkt direkt unprofessionell und macht die Firma klein und unterwürfig. Auch die Nutzung eines solchen Smileys ist (in Europa) unüblich und lässt Skepsis aufkommen. Das Englisch ist zudem nicht besonders gut und die Werbung für die Apps sind unpassend. Auch hier ist keine Signatur zu finden, sondern nur die Webseiten-Adresse.

Positiv-Beispiel 1:

Schon der Einstieg ist positiv und persönlich - der Influencer fühlt sich wertgeschätzt, da er mit Namen angesprochen wird und schon im ersten Satz ein Kompliment zum eigenen Instagram-Profil bekommt. Hier werden sogar noch ein paar Gründe angeführt, wodurch der Influencer das Gefühl bekommt, dass sich tatsächlich mit dem eigenen Account auseinander gesetzt wurde (obwohl diese Komplimente eher allgemein sind und wahrscheinlich bei jedem geschrieben werden; das tut dem aber keinen Abbruch). Zudem ist der Ton der Mail sehr familiär und es werden Smileys genutzt - das wirkt direkt sympathisch. Es wird klar beschrieben wer sie sind und woher sie kommen, das gibt zusätzlich Persönlichkeit. Zudem wird erklärt worum es geht und dazu auch ein Beispielbild (Link) angegeben. Freundlich wird zuerst nach dem generellen Interesse gefragt. Zudem hat die Mail eine angenehme Länge, sie ist nicht zu kurz und nicht zu lang gehalten. Durch die Signatur mit Angabe der Firmenposition, sowie der Webseite und Social-Media-Kanäle wirkt die Mail sehr professionell.

Tipp: Der Satz „wir würden uns einen oder zwei Posts bei Instagram von dir wünschen" ist gut, weil er dem Influencer das Gefühl gibt eine Entscheidung treffen zu können und keinen starren Forderungen ausgeliefert zu sein. Aus diesem Grund wird er zu einer sehr hohen Wahrscheinlichkeit trotzdem zwei (oder sogar mehr) Posts machen.

Hallo Lara,

Ich bin eben auf dein Instagram-Profil gestoßen und ich muss sagen – es gefällt mir unglaublich gut!
Ich bin Tracy und arbeite bei _____, einer schwedischen Uhrenmarke, die dir vielleicht schonmal über den Weg gelaufen ist. Wir bei _____ stehen vor einem ereignisreichen Frühling mit vielen neuen Produktlancierungen und Kampagnen.

Mitte März veröffentlichen wir weltweit eine neue Damenuhr – die "_____". Wir freuen uns schon wahnsinnig, euch die neue Uhr zu zeigen. Das Besondere ist, dass die Uhr neben dem üblich klassischen Design ein edel verarbeitetes Mesh-Armband hat und eine Größe von 32 mm. Das kleine Zifferblatt schaut nicht nur elegant aus, sondern ist ein absolutes Must-Have für diese Saison. Wie immer gibt es die Uhr in verschiedenen Farben und Varianten, damit du deinen ganz persönlichen Style finden kannst.

Dein Account gefällt uns so gut, dass wir dich gern als Ambassador für die neue Uhrenkampagne dabei hätten. Ich würde dir gern unser neues Uhrenmodell zusenden, damit du sie als eine der Ersten deinen Followern zeigen kannst. Im Gegenzug würden wir die Uhr gern 2 Mal auf deinem Instagram-Profil sowie einmal integriert auf deinem Blog, jeweils mit der Uhr und deinem persönlichen Rabattcode. Für einen extra Post könnte ich dir auch noch einen unserer Classic Cuffs anbieten. _____ Klingt das für dich spannend?

Wenn du Lust auf die Kooperation hast, gib mir Bescheid, welche **Farbkombination** dir am besten gefällt und ich sende dir unsere neue Uhr, sobald sie unser Lager erreicht. Ebenso benötige ich wieder deine **Adresse und Telefonnummer** für den Versand.

Die Uhr gibt es in den folgenden Varianten.

   A. Silber Mesh-Armband / Schwarzes Zifferblatt
   B. Silber Mesh-Armband / Weißes Zifferblatt
   C. Roségoldenes Mesh-Armband / Schwarzes Zifferblatt
   D. Roségoldenes Mesh-Armband / Weißes Zifferblatt

Ich bin gespannt auf deine Rückmeldung und freue mich sehr, wenn du dabei bist!

Viele Grüße aus Stockholm,
Tracy _____
Social Commerce Coordinator

The information contained in this e-mail (including any attachments) is confidential and highly classified. The content is only intended for you and may not be disclosed to any other person or company without our consent. Unauthorized distribution or disclosure of the content in this e-mail is strictly prohibited, may be unlawful and may result in Daniel Wellington AB iniates legal actions against you. If you have received this email in error, please notify us immediately by return e-mail and destroy this message and all copies thereof, including any attachments.

Positiv-Beispiel 2:

Auch hier wird der Influencer mit Namen angesprochen und die Mail wird mit einem Kompliment eingeleitet. Die Vorstellung der Firma wirkt persönlich und professionell. Obwohl die Marke sehr bekannt ist, wird nicht vorausgesetzt, dass man sie kennt, sondern es wird eher zurückhaltend angesprochen - „Schwedische Uhrenmarke, die dir vielleicht schonmal über den Weg gelaufen ist". Anschließend wird erklärt worum es geht und die Besonderheiten des neuen Produkts kurz beschrieben. Um sich mehrere Mails zu sparen wird direkt gesagt was gewünscht ist und die Produkte angeführt, die dafür geboten werden. Hier wird dem Influencer die Möglichkeit für eine Entscheidung zwischen den Produkten geboten. Es wird außerdem auf Übersichtlichkeit und Form (durch Absätze und Aufzählungen) geachtet. Zum Schluss gibt es auch hier eine Signatur sowie das Logo und E-Mail-Formalitäten. Das lässt die Mail professionell wirken.

Das Briefing – So klärst du vorab den Kampagnenablauf mit den Influencern

Hat ein Influencer Interesse an einer Kooperation mit euer Firma/ Marke und ihr habt euch auf weitere Details und Bedingungen geeinigt, dann geht es zum nächsten Schritt: das Briefing, also mindestens die zweite E-Mail. Ihr müsst akzeptieren, dass ihr die konkrete Umsetzung eurer Kampagne abgebt und sie nicht mehr in eurer Hand liegt. Das ist aber auch gar nicht schlimm, denn wenn ihr den richtigen Influencer ausgesucht habt, weiß er, wie er seine Follower am Besten erreicht. Schließlich ist der Content, den der Influencer produziert, der Grund, warum seine Follower ihn schätzen. Was aber in eurer Hand liegt ist das Briefing, also die vorherige Absprache mit dem Influencer. Denn je besser ihr dafür gesorgt habt, dass der Influencer gut vorbereitet ist, desto erfolgreicher und reibungsloser erfolgt die Kooperation. Außerdem lebt die Umsetzung auch von den Erfahrungen des Influencers mit eurem Produkt und wie er es erlebt, da er genau das im Anschluss über den Content transportieren wird. Sorgt also für ein positives Erlebnis z.B. schon bei der Verpackung (bspw. könnt ihr eine kleine persönlich geschriebene Karte in das Paket legen oder das Paket mit Konfetti füllen). Im Folgenden gehe ich näher auf die Details des Briefings ein:

Hashtags: Wählt für eure Kampagne bestimmte Hashtags aus. Das sollte zum einen ein allgemeiner Hashtag sein z.B. den Namen eurer Firma/ Marke. Außerdem solltet ihr für die jeweilige Kampagne einen Hashtag bestimmen, der zum Kampagnen-Thema, zur Jahreszeit o.ä. passt. Warum sollt ihr Hashtags bei eurer Kampagne benutzen (lassen)? Durch Hashtags könnt ihr die geposteten Fotos zu eurer Firma/Marke sowie eure jeweilige Kampagne finden und eure Firma/ Marke bekannter machen.

Andere Nutzer können auch nach dem jeweiligen Hashtag suchen und weitere Bilder zu eurer Kampagne finden.

Beispiel: Ihr seid eine Uhrenfirma. Ihr heißt „WatchOut" und wollt eure neue Kollektion für den beginnenden Sommer bewerben. Eure Hashtags könnten sein: #WatchOut #WatchOutForSummer

Tags: Ihr solltet auf jeden Fall eure Firma/Marke als Tag im Bild sowie in der Caption verlinken lassen. So können die Follower eurer ausgewählten Influencer direkt auf euer Profil gehen. Außerdem könnt ihr so alle Posts, die für eure Kampagne gemacht werden, in eurem Profil unter dem Reiter „getaggte Bilder" finden. Wie bereits erwähnt: Je öfter ihr getaggt werdet, desto besser bewertet euch auch der Instagram Algorithmus.

Beispiel: @watchout

Honorar: Über das Honorar haben wir bereits im Kapitel „So viel kosten Influencer mit verschiedenen Reichweiten" gesprochen. Dieses solltet ihr im Briefing mit dem Influencer festlegen.

Zeitraum der Kampagne: Generell ist es empfehlenswert, verschiedene Influencer innerhalb eines bestimmten Zeitraums posten zu lassen. Dieser Zeitraum sollte aufeinander abgestimmt sein und möglichst nah beieinander liegen. Ihr solltet pro

Kampagne Influencer auswählen, die die gleiche Zielgruppe ansprechen. Zum Beispiel könnt ihr Influencer auswählen, die gegenseitig die Bilder kommentieren, denn die haben auch oft die gleichen Follower. Der Grund ist einfach: bekommt ein User von 5 Influencern, denen er folgt, innerhalb kurzer Zeit eure Uhr zu sehen, bleibt sie ihm eher in Erinnerung, als wenn er sie nur einmal sieht.

Beispiel: Ihr habt 12 Influencer und gebt Dreien von ihnen die Woche vom 01.Mai bis 07.Mai als Zeitrahmen zum Posten vor, den nächsten Dreien die Woche von 07.Mai bis zum 14.Mai usw., sodass eure Kampagne insgesamt 4 Wochen läuft. In Absprache mit dem Influencer könnt ihr auch feste Daten vereinbaren.

Tipp: Wenn ihr gute Erfahrungen mit den ausgewählten Influencern gemacht habt, ist es sinnvoll eine Langzeit- Kooperation mit ihnen zu starten. Das hat den Vorteil, dass User die jeweiligen Influencer mit eurer Marke in Verbindung bringen.

Vorgaben für die Bildgestaltung: Hier solltet ihr möglichst konkret werden. Ihr könnt dafür Beispielbilder von anderen Accounts nehmen, die ihr sehr gelungen findet. Noch besser ist es natürlich, wenn ihr Bilder von euren eigenen bereits erfolgreichen Kampagnen als Beispiele für die Influencer nehmt. Oder aber ihr nehmt Bilder des jeweiligen Influencers, die euch zusagen und passend sind. Das ist für den Influencer natürlich schmeichelnd, da ihr seine Arbeit wertschätzt und er so noch mehr Motivation hat euren Vorstellungen und Qualitätsanforderungen zu entsprechen.

Beispiel: Ihr sagt, dass das Ziffernblatt eurer @watchout Uhr zu sehen sein soll und kein weiterer Schmuck auf dem Bild sein darf. Dazu fügt ihr im Anhang Beispielbilder an und gebt Inspirationsvorschläge (z.B. kann die Uhr zu sehen sein, wenn ein Blumenstrauß oder ein Eis in der Hand gehalten wird, oder auf Reisen vor einer Sehenswürdigkeit). Ihr könnt auch sagen, was der Influencer nicht tun sollte (z.B. wenn die Uhr zu weit weg ist, wenn das Ziffernblatt spiegelt, wenn die Uhr von den Klamotten verdeckt ist, wenn der Fokus nicht auf der Uhr liegt oder wenn sie zur Seite gedreht ist).

Vorgaben für die Caption (Bildunterschrift): Hier könnt ihr sagen, worauf der Influencer in seiner Caption eingehen sollte. Allerdings solltet ihr dem Influencer nicht zu enge Vorgaben machen, da er seine Persönlichkeit auf seine eigene Art und Weise einbringen soll, alles andere wirkt nicht authentisch. Ihr könnt aber einen groben Rahmen geben, wenn eure Kampagne ein bestimmtes Thema hat.

Beispiel: Ihr sagt, dass der Influencer auf den beginnenden Sommer eingehen soll, da eure neue Uhrenkollektion ein Sommermodell ist (passend zum Hashtag #WatchOutForSummer).

Rabatt-Code für die Follower: Ihr könnt individuelle Rabatt-Codes vergeben, um die erreichten Verkaufsanzahlen dem jeweiligen Influencer zuordnen zu können (auf das Thema werde ich im Kapitel „So misst ihr den Erfolg eurer Kampagne richtig" noch einmal ausführlicher eingehen). Üblich sind 10-15% Rabatt. Den Rabatt-Code könnt ihr z.B. in Kombination mit dem Namen des Influencers deklarieren.

Beispiel: 15% Rabatt bei Eingabe des Codes InfluencerXY15

Statistiken: Bittet den Influencer euch einen Screenshot seiner Statistiken zuzuschicken (Reichweite, Impressionen, Gespeichert-Angaben, Interaktionen, Likes, Kommentare). Diese kann er einsehen, wenn sein Profil auf „Business-Profil" gestellt ist. Ihr könnt diese Statistiken für eure Kampagnen-Auswertung nutzen und so den Erfolg eurer Kampagne noch besser bewerten (mehr dazu auch in Kapitel „So misst ihr den Erfolg eurer Kampagne richtig").

Übrigens: Die bereits angesprochene Kennzeichnungsfunktion von Instagram für Kooperationen ermöglicht es, dass Firmen/Marken bei einer Kooperation automatisch Einsicht in die Statistiken des jeweiligen Posts haben. Das solltet ihr vorher mit dem Influencer absprechen. Der Vorteil liegt dabei in dem einfacheren Zugang zu den Influencer-

Statistiken, die eure Kampagne betreffen, und darin, dass der Influencer die Zahlen nicht fälschen kann (z.B. bei einem Screenshot mit Photoshop).

Optional - vorher oder nachher den Post zuschicken lassen: Ihr könnt mit dem Influencer abstimmen, dass er euch das Bild vor dem Posting zuschickt. Damit könnt ihr prüfen, ob es euren Richtlinien entspricht und ggf. noch einmal Änderungswünsche äußern. Außerdem könnt ihr euch das Foto hinterher (in besserer Qualität) zuschicken lassen, um es für weitere Zwecke zu nutzen. Hierfür müsst ihr euch die Zustimmung des Influencers einholen, dass ihr das Foto nach dem Posting für eure Webseite oder für andere Werbung nutzen dürft. Dabei solltet ihr Urheberrechte und Bildrechte beachten.

Influencer Briefing - die wichtigsten Punkte

1. Format klären

Was genau soll passieren? Product-Placement oder Unboxing („Paket auspacken"), ein Haul („Produkt-vorstellung") oder eine Review (Produkt-bewertung")?

2. Kanäle

Habt ihr vorher besprochen, welche Kanäle der Influencer bedienen soll? Soll er Instagram Posts machen oder auch Instagram Stories bespielen? Wenn ja, in wie vielen einzelnen Frequenzen (meist 1-3) soll euer Produkt erwähnt, getaggt oder auch verlinkt werden?

3. Kernaussagen

Auch wenn ihr dem Influencer die Freiheit der Contenterstellung überlasst, sollten die Kernpunkte zum Produkt und die Markenbotschaft dahinter klar sein. Hat der Influencer dafür von euch alle nötigen Informationen erhalten?

4. Timing

Wann soll gepostet werden? Wie oft soll das Produkt zu sehen sein? Und gegebenenfalls: wie lange bleibt der Post im Netz? Manche Influencer räumen ihr Profil gerne auf und könnten im Zuge dessen auch euren Post löschen. Solltet ihr das bei dem ausgewählten Influencer bereits beobachtet haben, sprecht dies vorher an.

5. Hashtags und Tags

Sind die Kampagnen-Hashtags und Tags be-sprochen worden? Sprecht ab, dass ihr in der Caption genannt und im Bild getaggt werden wollt und der/die Kampagnen-Hashtag(s) erwähnt werden.

6. URL und Rabatt-Code

Gibt es eine Landingpage und einen Rabatt-Code zu eurer Kampagne? Eure Landingpage und ggf. euer Shop müssen zu dem Zeitpunkt des Posts natürlich bereit sein.

7. Statistiken

Hat der ausgewählte Influencer ein Business-Profil und damit Zugang zu seinen Insights? Ihr könnt euch einen Screenshot dieser Statistiken nach dem Post zuschicken lassen. Dies gilt auch für Instagram Stories.

8. Kennzeichnung

Auch wenn die Kennzeichnung mittlerweile Pflicht ist: Erwähnt im Briefing noch einmal die richtige Art und Weise der Werbekennzeichnung, also dass der Hinweis „Werbung" oder „Anzeige" gut sichtbar gesetzt wird z.B. vor den Hashtags. Ansonsten könnt ihr auch das „In Partnerschaft mit"-Instagram-Tool benutzen, das die Kooperation sofort klar ersichtlich macht.

9. Optional: Exklusivität

Für wen wirbt der Influencer noch? Bei langfristigen Kooperationen könnt ihr eventuell einen

Konkurrenzausschluss vereinbaren. Dadurch bleibt die Authentizität bewahrt und der Influencer wird zum „Ambassador" eurer Firma/Marke.

Die Kampagne – So solltest du während der Kampagne agieren

Während die Kampagne läuft, könnt ihr auf die Postings selbst zwar keinen Einfluss nehmen, aber ihr solltet den Überblick über sie behalten. Am Besten ihr macht euch einen Zeitplan wann welcher Influencer die Postings machen soll und überprüft das jeweils. Gut ist es auch, wenn ihr dem Influencer einen Reminder zuschickt kurz bevor der Post fällig wird. Anschließend könnt ihr das Bild (nach dem Einverständnis des Influencers) dann auf eurem Account reposten. Sind die Postings gemacht und ist die Kampagne damit abgeschlossen, solltet ihr den Influencer um das Zuschicken der Rechnung bitten und das Honorar überweisen. Außerdem geht es jetzt an die Analyse des Erfolgs eurer Kampagne. Mehr dazu findet ihr im folgenden Kapitel „Die Auswertung".

Die Auswertung – So misst du den Erfolg deiner Influencer-Kampagne richtig

Es gibt verschiedene Drittanbieter-Tools wie Iconosquare oder Influencerdb, mit denen ihr euren Erfolg bei Instagram auswerten könnt. Damit könnt ihr zum Beispiel euer generelles Wachstum grafisch darstellen lassen oder eure Engagement Rate analysieren. Um zu messen, ob ihr mit eurer Influencer Kampagne erfolgreich wart, gibt es noch weitere Möglichkeiten der Auswertung. Je nach Kampagnenziel gibt es verschiedene Metriken, anhand derer man den Erfolg der Influencer Kampagne messen kann. Beispielsweise kann man das Engagement messen, indem man sich die Statistiken der Postings von dem Infleuncer zuschicken lässt oder das „In Partnerschaft mit"-Feature verwendet (welches ich in Kapitel „Das Wichtigste zur Kennzeichnung von Werbung" beschrieben habe). Wenn die Kampagne den Fokus auf das Generieren von Verkäufen gesetzt hat, dann kann man die Performance der einzelnen Influencer gut nachverfolgen, indem man personalisierte Rabatt- Codes für jeden Influencer verwendet und hinterher nachschaut, wie viele Personen eure Produkte mit dem personalisierten Rabatt-Code in eurem Shop gekauft haben.

Generell muss aber gesagt werden, dass Instagram

(noch) nicht unbedingt eine Plattform für unmittelbare Käufe ist, sondern eher mittelbar das Image und die Markenbekanntheit unterstützt und damit eher indirekt die Vertriebsziele.

Ich würde außerdem empfehlen dem Influencer hinterher nach Feedback zu der Kampagnenumsetzung zu fragen. Das könnt ihr beispielsweise mithilfe eines Fragebogens machen. So könnt ihr eure Kampagnenumsetzung immer weiter verbessern.

Jetzt gilt es zu testen, zu testen und wieder zu testen, bis ihr den Dreh für erfolgreiche Kampagnen raus habt. Dieser Weg lohnt sich, denn **das Potential auf Instagram ist riesig**. Was in Zeiten ohne Internet mühsam über einen „offline" Vertrieb erarbeitet werden musste, ist in Zeiten von Instagram um ein vielfaches einfacher geworden. Euch steht ein potentielles Millionenpublikum zur Verfügung, dem ihr ohne größeren Aufwand eure Produkte bzw. Dienstleistung präsentieren könnt. Natürlich ist das mit Kosten verbunden, aber früher musste das Personal ebenso bezahlt werden und es gab nicht so einfach die Möglichkeit, ein riesiges Publikum innerhalb kürzester Zeit zu erreichen.

GOOD BYE!

Viel Erfolg

So, das war's von mir! Jetzt geht's an eure eigenen Instagram- Accounts. Ich drücke euch die Daumen!

Haftungsausschluss

Das Werk einschließlich aller seiner Teile ist urheberrechtlich geschützt. Jede Verwertung ist ohne schriftliche Zustimmung des Autors unzulässig. Darunter fallen auch alle Formen der elektronischen Verarbeitung. Die Wiedergabe von Gebrauchsnamen, Handelsnamen, Warenbezeichnungen usw. in diesem Werk berechtigt auch ohne besondere Kennzeichnung nicht zu der Annahme, dass solche Namen im Sinne der Warenzeichen- und Markenschutz-Gesetzgebung als frei zu betrachten wären und daher von jedermann benutzt werden dürfen. Es ist nicht zulässig, Teile dieses Dokuments entweder auf elektronischem Wege oder in gedruckter Form zu reproduzieren, duplizieren oder zu übertragen. Benutzung dieses Buches und die Umsetzung der darin enthaltenen Informationen, Anleitungen und Strategien erfolgt ausdrücklich auf eigenes Risiko.

Haftungsansprüche gegen den Autor für Schäden materieller oder ideeller Art, die durch die Nutzung oder Nichtnutzung der Informationen bzw. durch die Nutzung fehlerhafter und/oder unvollständiger Information verursacht wurden, sind grundsätzlich ausgeschlossen. Rechts- und Schadenersatzansprüche sind daher ausgeschlossen. Das Werk inklusive aller Inhalte wurde unter größter Sorgfalt erarbeitet. Der Autor übernimmt jedoch keine Gewähr für die Aktualität, Korrektheit, Vollständigkeit und Qualität der bereitgestellten Informationen. Druckfehler und Falschinformationen können nicht vollständig ausgeschlossen werden. Es kann keine juristische Verantwortung sowie Haftung in irgendeiner Form für fehlerhafte Angaben und daraus entstandenen Folgen vom Autor übernommen werden. Für die Inhalte von den in diesem Buch abgedruckten Internetseiten sind ausschließlich die Betreiber der jeweiligen Internetseiten verantwortlich. Der Autor haben keinen Einfluss auf Gestaltung und Inhalte fremder Internetseiten. Der Autor distanziert sich daher von allen fremden Inhalten. Zum Zeitpunkt der Verwendung waren keinerlei illegale Inhalte auf den Webseiten vorhanden.

Impressum
Lara Brockhaus
Wilmersdorfer Str. 14
10585 Berlin

Gedruckt/vertrieben und verkauft via Amazon.com, Inc. oder einer Tochtergesellschaft

Independently published

Printed in Poland
by Amazon Fulfillment
Poland Sp. z o.o., Wrocław

54347592R00072